WEIHNACHTSLIEDER AUF DER AKUSTIKGITARRE FÜR FORTGESCHRITTENE

Moderne Arrangements für Fingerstyle-Gitarre der
14 beliebtesten Weihnachtslieder

DARYL**KELLIE**

FUNDAMENTAL**CHANGES**

Weihnachtslieder auf der Akustikgitarre für Fortgeschrittene

Moderne Arrangements für Fingerstyle-Gitarre der 14 beliebtesten Weihnachtslieder

ISBN: 978-1-78933-190-5

Veröffentlicht von **www.fundamental-changes.com**

Urheberrecht © 2020 Daryl Kellie

Herausgegeben von Tim Pettingale

Das moralische Recht dieses Autors wurde geltend gemacht.

www.fundamental-changes.com

Über 11.000 Fans auf Facebook: **FundamentalChangesInGuitar**

Markiere uns für einen Share auf Instagram: **FundamentalChanges**

Für über 350 kostenlose Gitarrenstunden mit Videos Schau Auf

www.fundamental-changes.com

Coverbild Copyright: Shutterstock - Turian

Mit besonderem Dank an Helmut van Bentum für die wertvolle redaktionelle Mitarbeit.

Inhalt

Einführung

Willkommen zu dieser Sammlung von klassischen Weihnachtsliedern, arrangiert für die Solo-Akustikgitarre im Fingerstyle. Die 14 Lieder, die ich hier ausgewählt habe, sind äußerst beliebt und werden seit Generationen gesungen und gespielt. Die Arrangements sind so geschrieben, dass sie ein breites Spektrum moderner Akustikgitarrentechniken abdecken. Hier findest du veränderte Stimmungen, natürliche Flageoletttöne, „Harp Harmonics" und sogar beidhändiges Tapping! Einige Teile sind sehr unkompliziert, während andere recht anspruchsvoll sind.

Da dieses Buch aus dem Englischen übersetzt wurde, gibt es in der Notation auch englische Symbole und Spielanweisungen. Eine Abkürzung, auf die du häufig treffen wirst, ist „AH" („Artificial Harmonics"), was auf Deutsch künstliche Obertöne (künstliche Flageoletts) heißt. Eine weitere Anweisung, die du schon im ersten Lied sehen wirst, ist „let ring", was so viel bedeutet wie „klingen lassen".

Mein Ziel war es, harmonisch reichhaltige Arrangements zu schaffen, die dich eine Weile beschäftigen, aber letztendlich mit Freude zu spielen sind. Ich hoffe, du hast genauso viel Spaß mit ihnen, wie ich, als ich sie geschrieben habe.

Fröhliche Weihnachten!

Daryl

Hol dir die Audios und Videos

Die Audiodateien zu diesem Buch stehen unter **www.fundamental-changes.com** zum kostenlosen Download zur Verfügung. Der Link befindet sich in der rechten oberen Ecke. Wähle einfach diesen Buchtitel aus dem Drop-Down-Menü und folge den Anweisungen, um die Audiodateien zu erhalten.

Wir empfehlen, die Dateien direkt auf deinen Computer und nicht auf dein Tablet herunterzuladen und sie dort zu extrahieren, bevor du sie deiner Medienbibliothek hinzufügst. Du kannst sie dann auf dein Tablet oder deinen iPod ziehen oder auf CD brennen. Auf der Download-Seite gibt es ein Hilfe-PDF und wir bieten auch technische Unterstützung über das Kontaktformular.

Hol dir die Videos

Zu diesem Buch gibt es zwei Videos, die die Lieder God Rest Ye Merry Gentlemen, und Silent Night demonstrieren.

Diese Stücke werden vollständig gespielt, so dass du genau sehen kannst, wie sie zusammen mit ihren speziellen Techniken aufgeführt werden sollten.

Alle Videos findest du auf der Website von Fundamental Changes, wenn du diesem Link folgst:

https://geni.us/christmasacoustic

1. The First Noel

Dieses Lied stammt aus Cornwall und wurde erstmals Anfang des 19. Jahrhunderts veröffentlicht. Die einfache Folk-Melodie ist hier für Gitarre in Drop-D-Stimmung arrangiert.

Die verwendeten Techniken sind bis auf einige ungewöhnliche Flageoletttöne sehr konventionell. In Takt 19 spielst du die Flageoletts auf dem 12. Bund, indem du mit dem Zeigefinger der Schlaghand leicht über den 12. Bund streichst und mit dem Ringfinger zupfst. Dadurch bleibt der Daumen frei, um gleichzeitig die 6. Saite zu zupfen.

Beispiel 1a

Spiele den „Flageolett-Akkord" in Takt 36, indem du die 3. Saite mit dem 1. Finger berührst und den 3. Finger über den 7. Bund legst, während du mit dem Daumennagel nach oben schlägst. Der schnelle Lick in Takt siebenunddreißig erfordert für jede Saite einen anderen Zupffinger. Übe dies langsam und baue allmählich Tempo auf.

Beispiel 1b

Hier findest du nun das vollständige Arrangement...

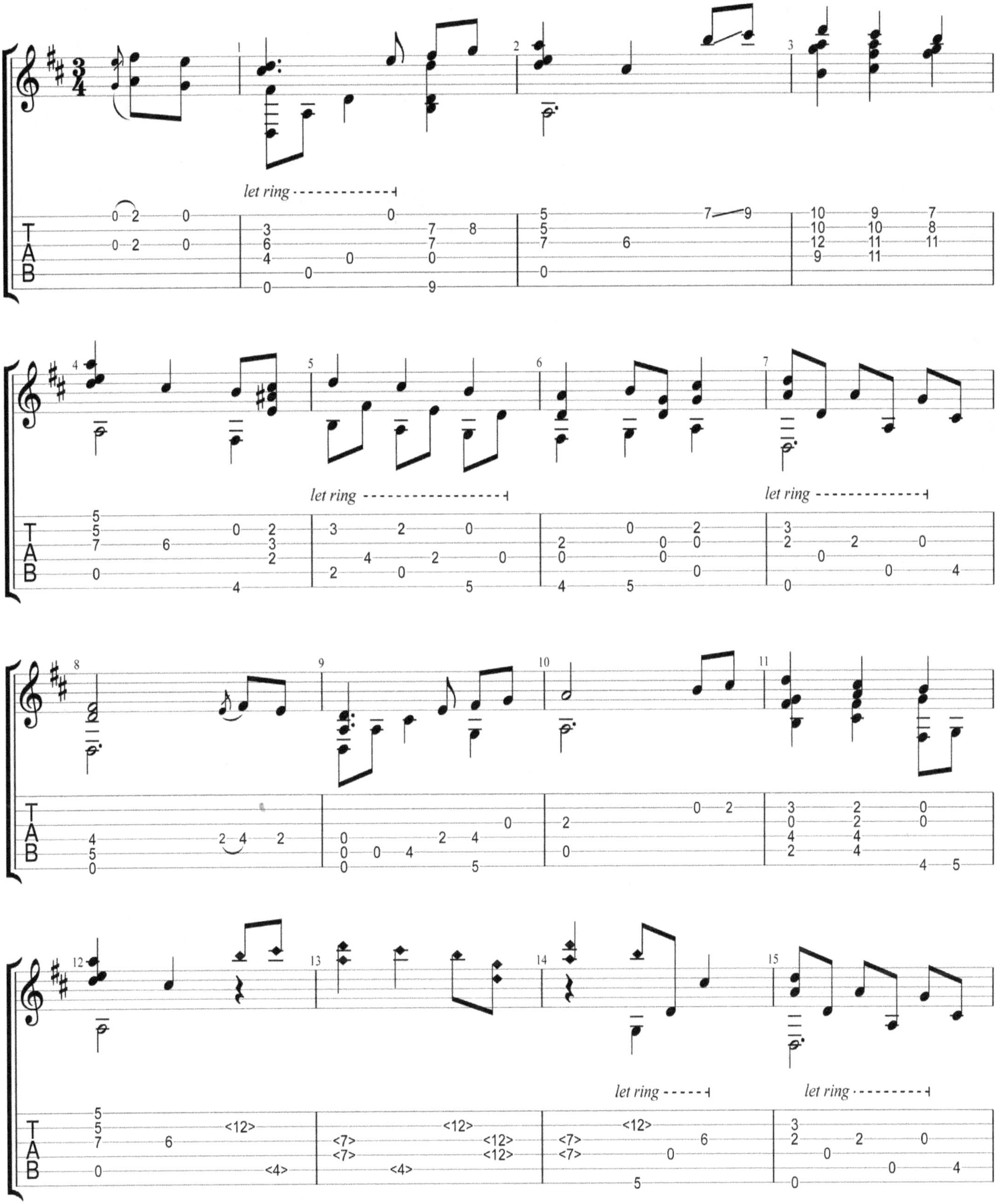
let ring
let ring
let ring
let ring
let ring
TAB

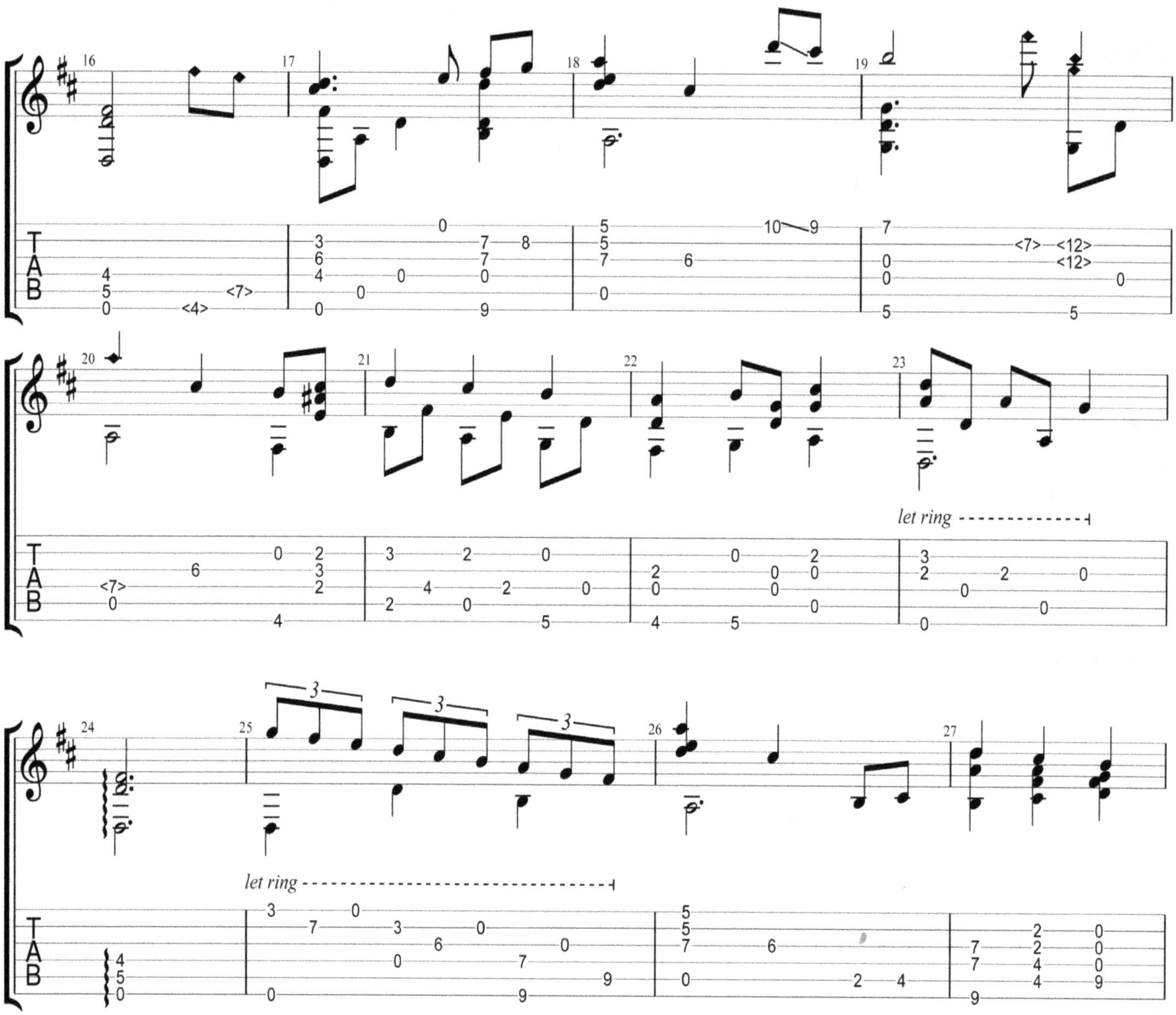
let ring
let ring

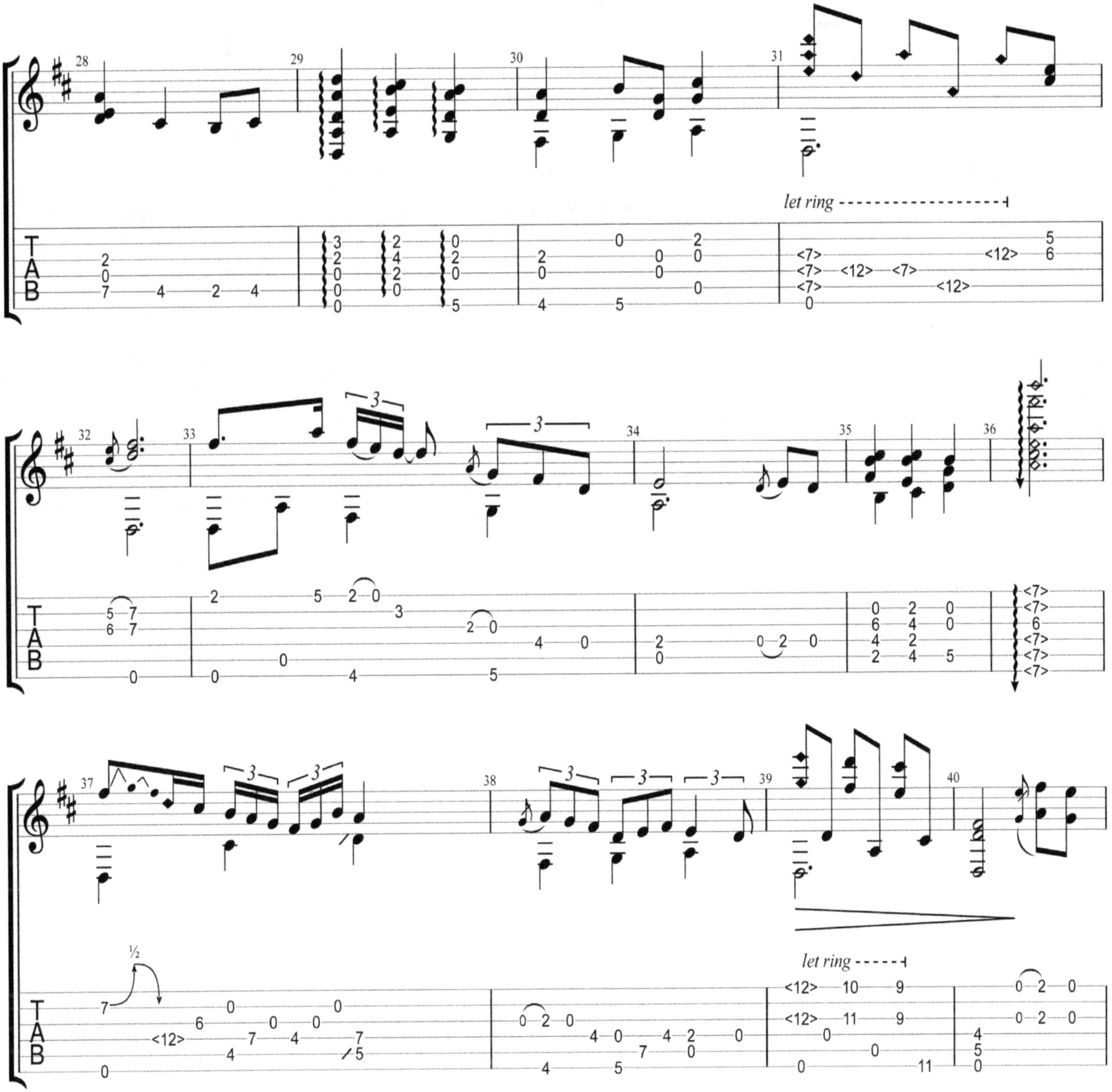
let ring
let ring

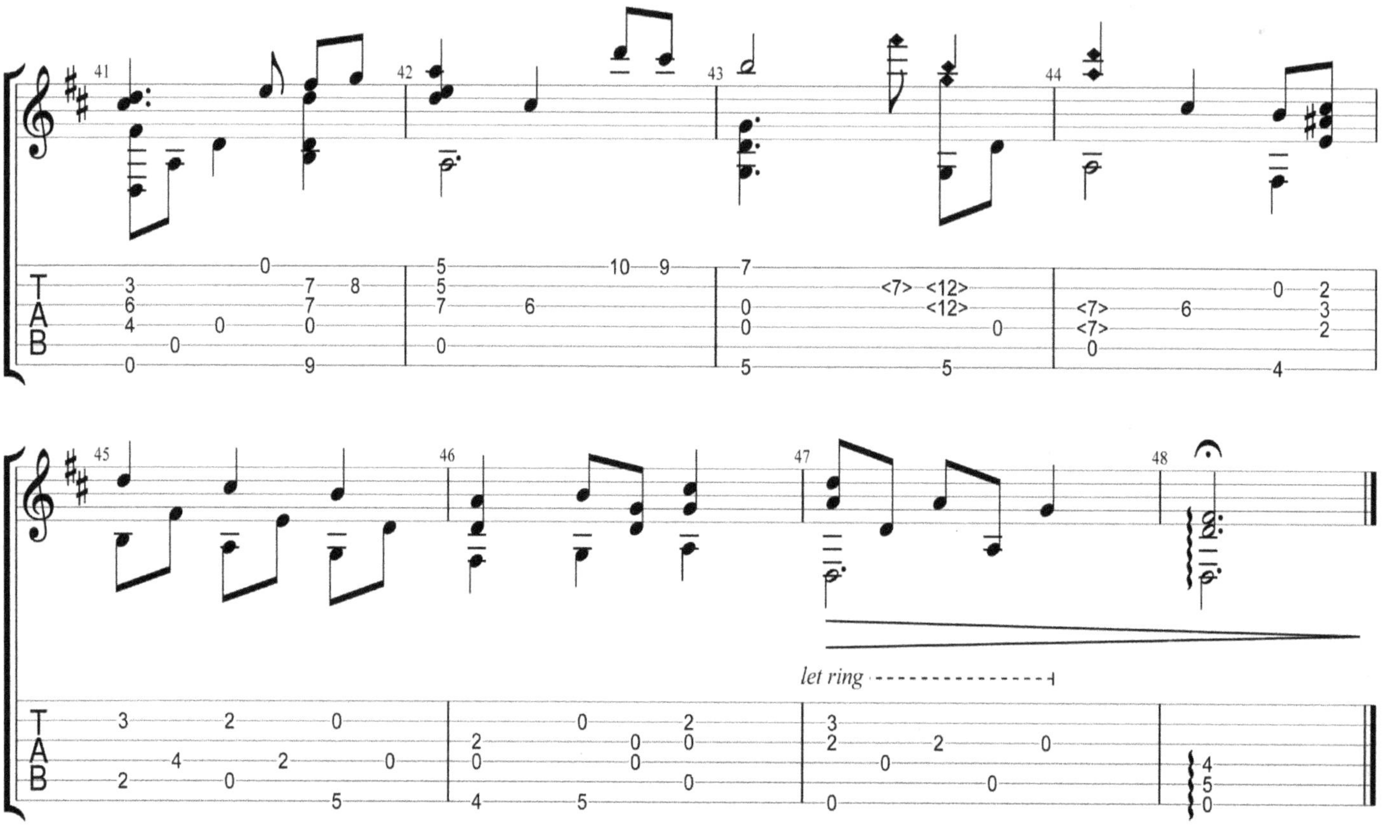
let ring

2. We Wish You a Merry Christmas

We Wish You a Merry Christmas stammt vermutlich aus Südwestengland. Es wurde 1935 populär gemacht, als Arthur Warrells aufwendiges vierstimmiges Arrangement veröffentlicht wurde.

Das Arrangement für Gitarre verwendet hier, in der Standardstimmung, meist konventionelle Gitarrentechnik, aber es sind auch einige ungewöhnliche Flageoletttöne zu erwähnen. Greife in Takt 14 die 6. Saite mit dem 1. Finger und halte den 4. Finger leicht über dem 12. Bund, um die Flageoletts zu spielen.

Der Flageolettton auf dem 19. Bund wird nur mit der Schlaghand gespielt. Lege den Zeigefinger der Schlaghand über den Teilungspunkt der Flageolettöne (auf Höhe des 19. Metallbundes) und zupfe die Saite mit dem Daumen.

Beispiel 2a

Spiele die Obertöne in Takt 19 unten mit der konventionellen Zweihandtechnik. Denke daran, die gegriffenen Noten am Ende des Taktes wie eine Akkordform festzuhalten, so dass sie ineinander klingen.

Beispiel 2b

Hier ist das vollständige Arrangement des Stückes.

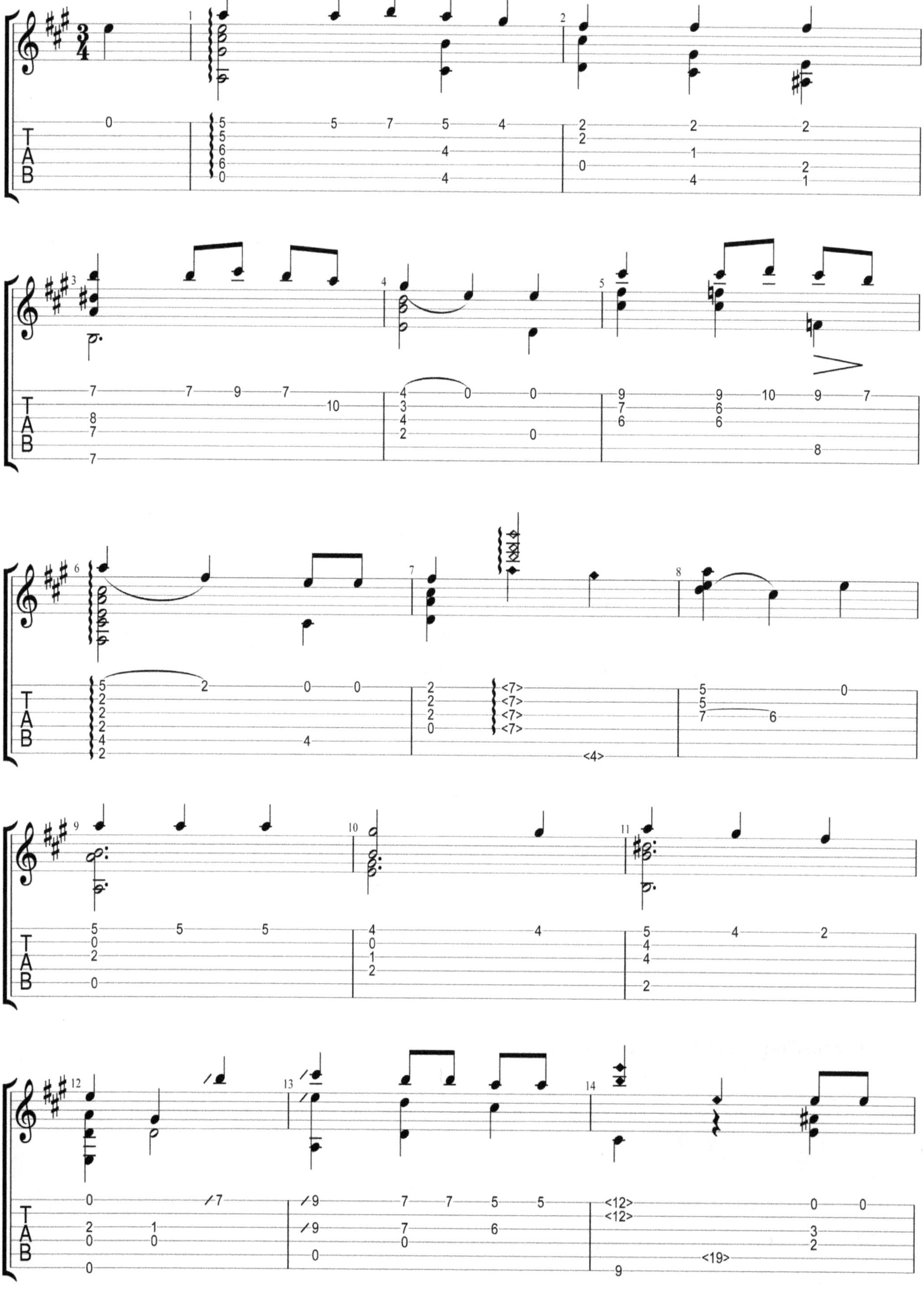

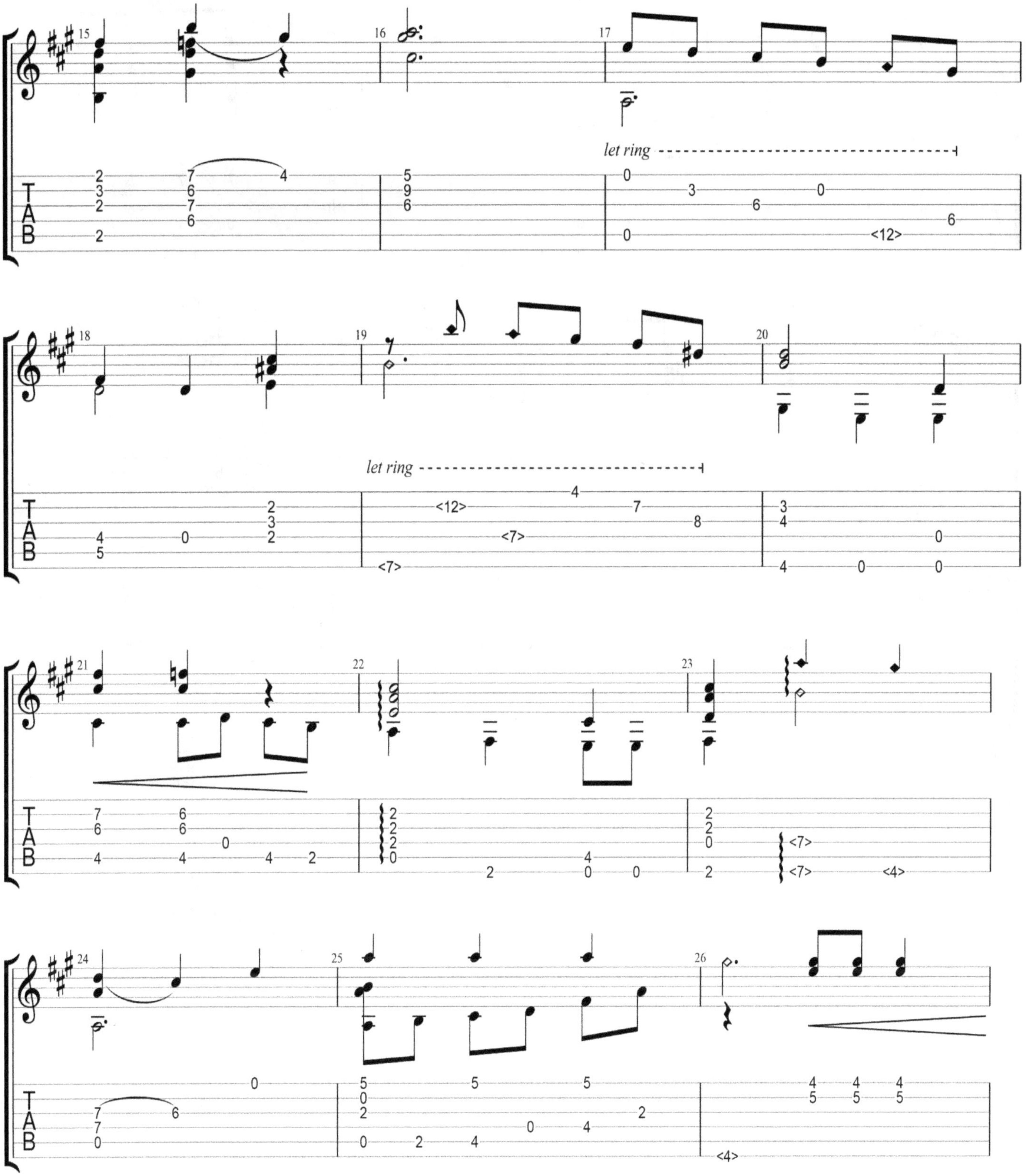
let ring
let ring

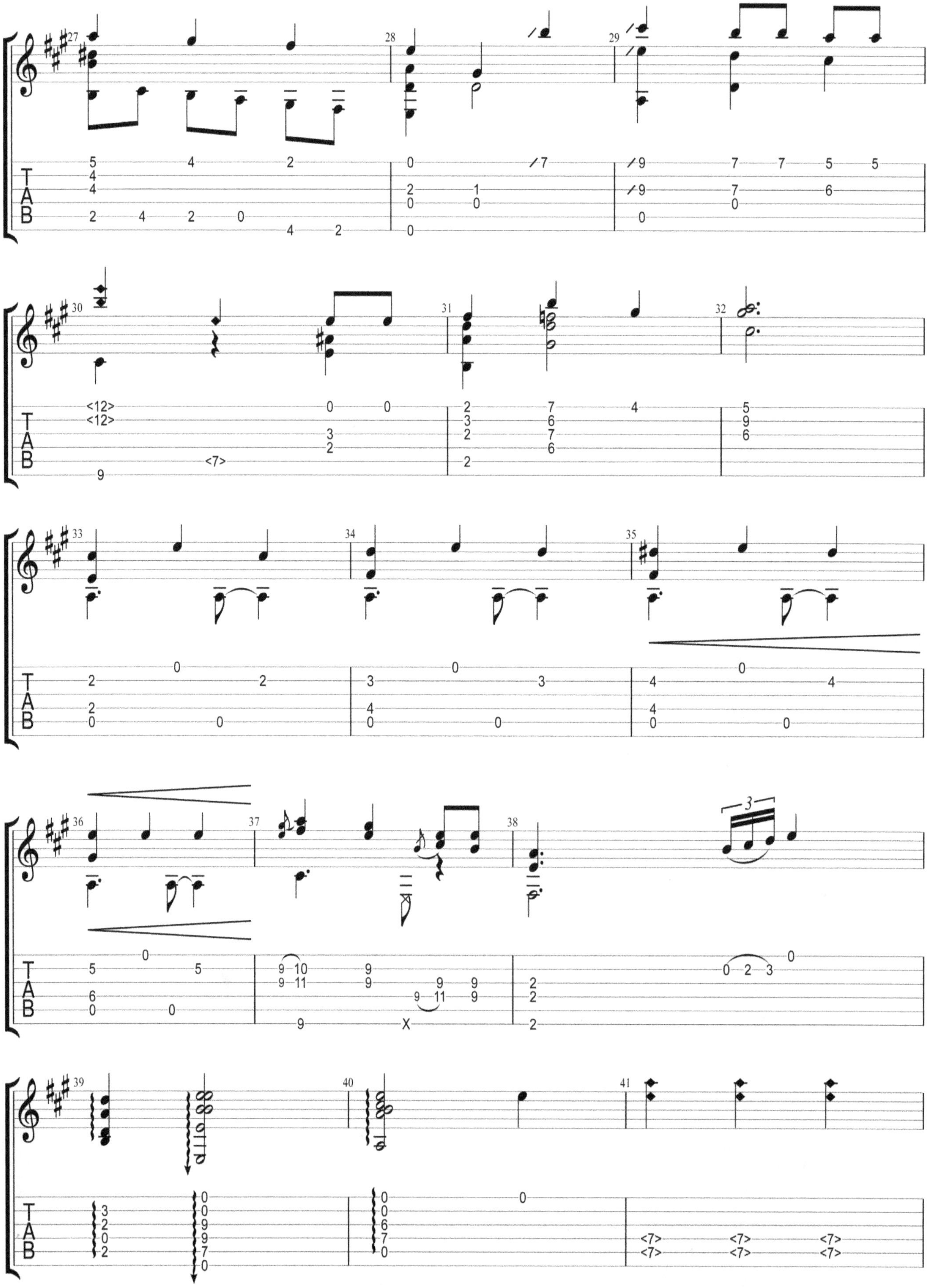

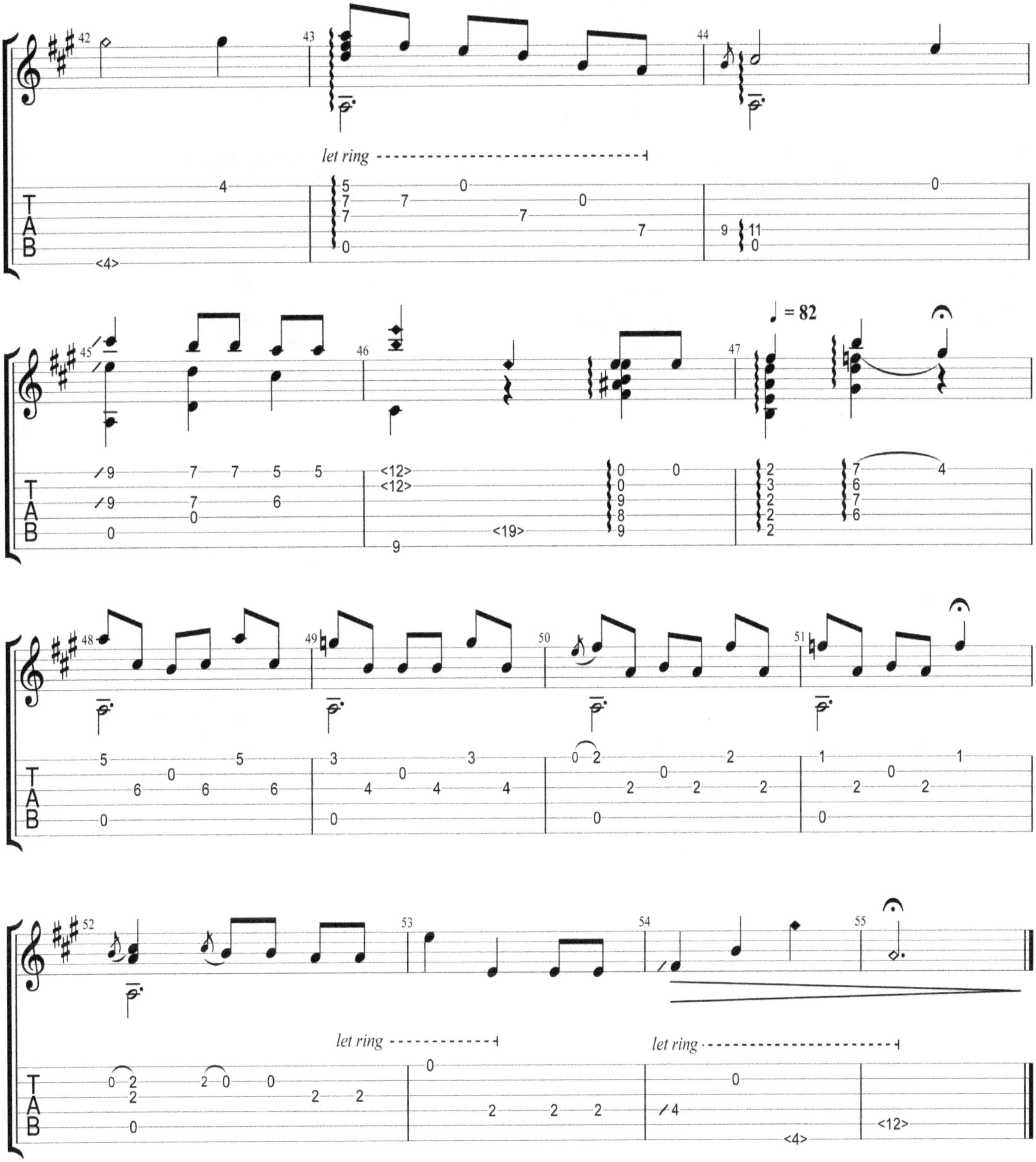
let ring
♩ = 82
let ring
let ring

3. The Twelve Days of Christmas

Ursprünglich ohne Musik im 18. Jahrhundert geschrieben, wurde *The Twelve Days of Christmas* 1909 vom englischen Komponisten Frederick Austin zu einer traditionellen Volksmelodie gesetzt. Das kumulative Motiv der Strophen soll in Frankreich entstanden sein.

Beginne bei diesem Arrangement damit, die Melodie und die Akkorde gleichzeitig zu spielen, indem du die konventionelle Schlaghand-Technik anwendest.

Beispiel 3a

Im zehnten Takt (zweiter Takt unten) wird die Melodie auf den tiefen Saiten gespielt, also benutze deinen Daumen, um diese zu zupfen. In Takt 11 gibt es einen kniffligen Fingersatz zu bewerkstelligen, also übe diesen Takt isoliert, bis du ihn flüssig und sicher spielen kannst.

Beginne mit einem Barré des Zeigefingers über dem 9. Bund und greife mit dem Mittelfinger am 10. Bund die zweite Saite. Greife dann mit dem Mittelfinger im 11. Bund die 5. Saite und spiele diesen Ton. Dann, die ganze Zeit unter Beibehaltung des Barrégriffs, springst du mit dem Mittelfinger auf die 1. Saite, um die Note auf dem 11. Bund zu spielen. Anschließend spielst du mit dem kleinen Finger die Note auf der 5. Saite im 12. Bund. Zum Schluss schiebst du den Barré zwei Bünde nach oben bis zum 11. Bund. Dies mag sich anfangs unangenehm anfühlen, aber trainiere deine Finger langsam und du wirst dich bald damit anfreunden.

Beispiel 3b

In den Takten 14 bis 16 wird die Melodie vollständig mit Obertönen gespielt (angezeigt durch die „Diamant"-Form um die Note). Es sind alles natürliche Flageoletttöne, so dass sie mit konventioneller Zweihandtechnik zum Greifen und Zupfen ausgeführt werden können.

Beispiel 3c

Hier ist das vollständige Arrangement...

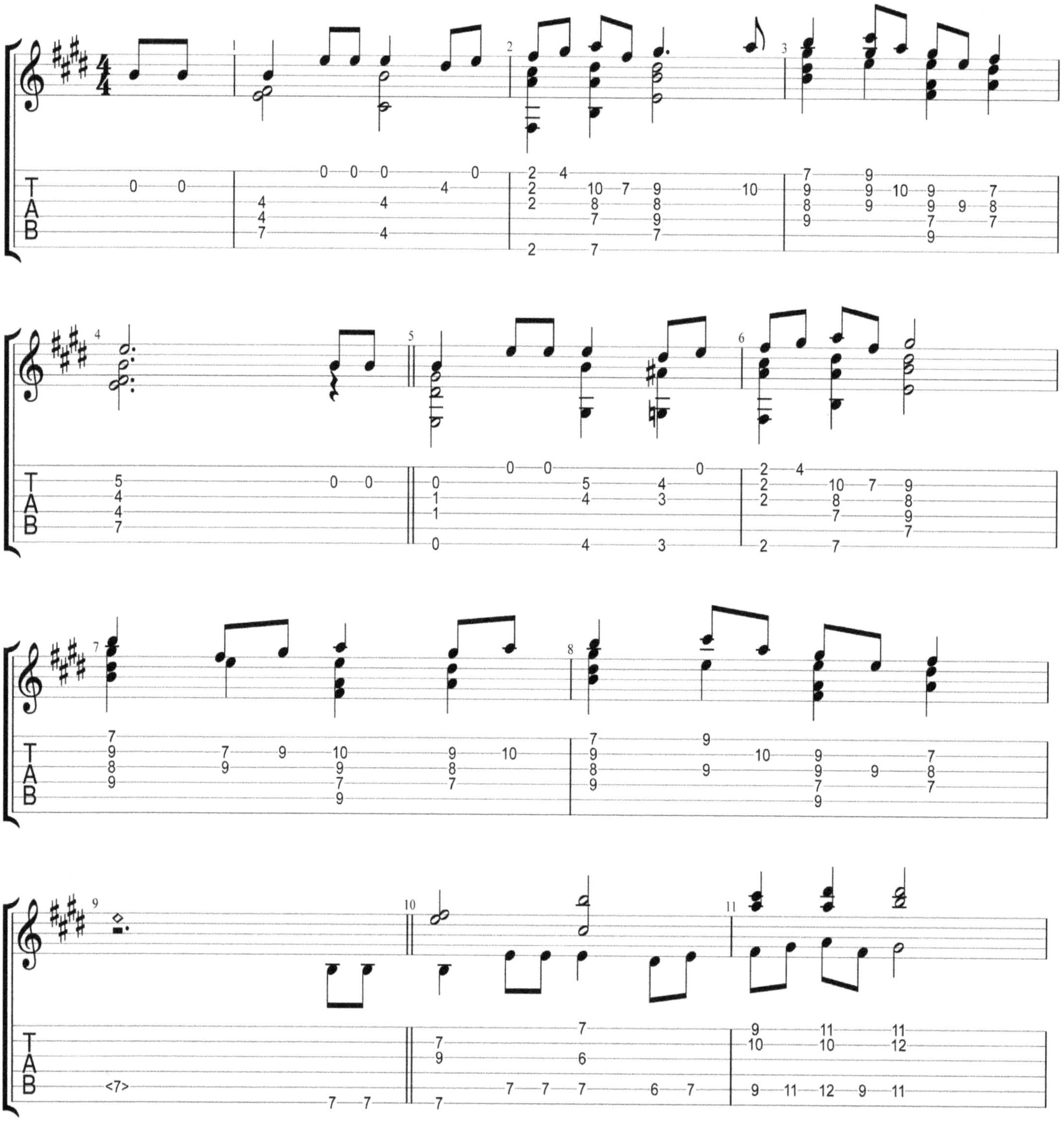

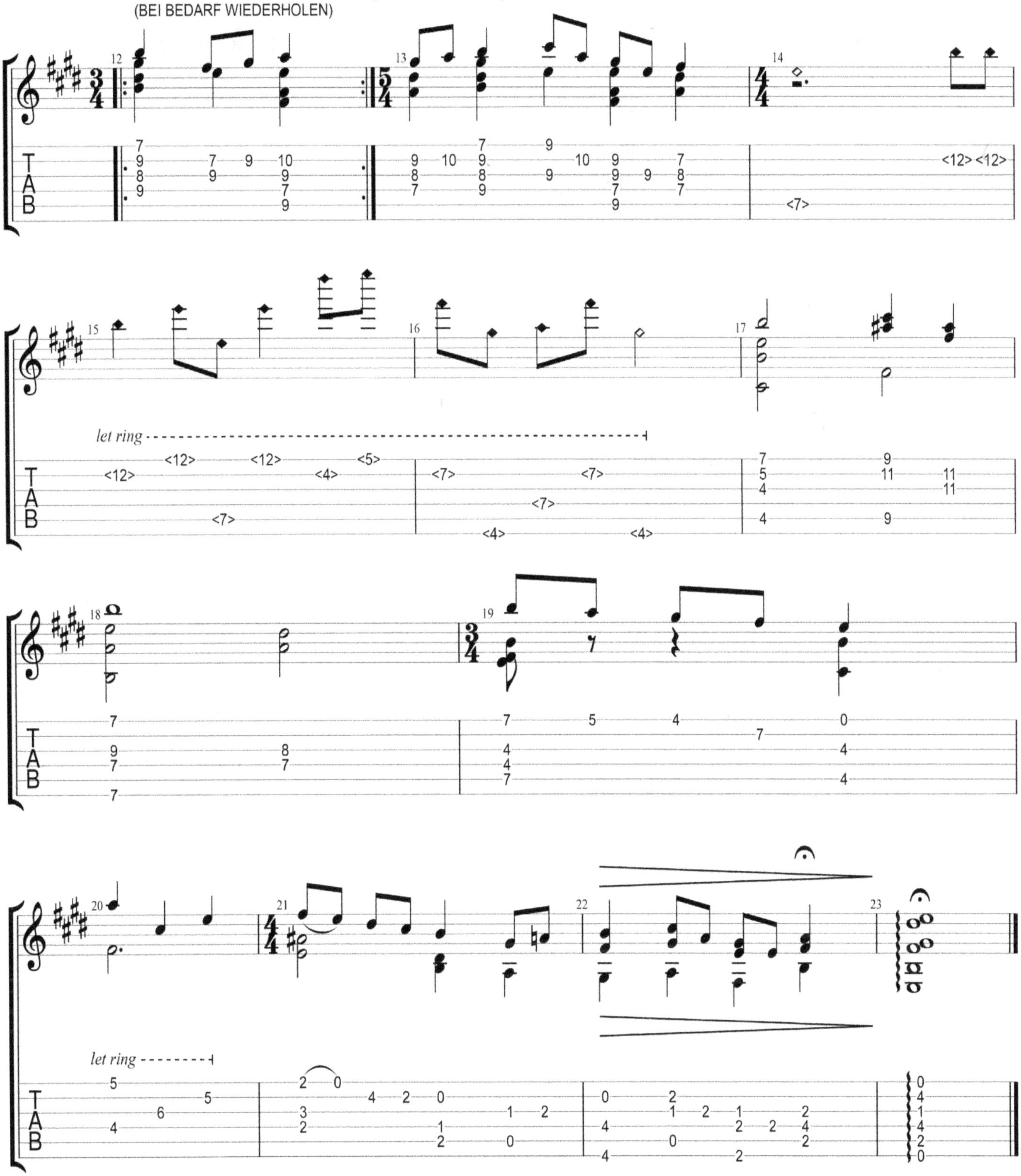
(BEI BEDARF WIEDERHOLEN)
let ring
let ring

4. Hark! The Herald Angels Sing

Hark! The Herald Angels Sing ist ein beliebtes Weihnachtslied aus der Mitte des 18. Jahrhunderts und verwendet eine ursprünglich von Mendelssohn Bartholdy geschriebene Melodie. Dieses Arrangement enthält ein Intro mit „Harp Harmonics" im Stil von Tommy Emmanuel.

Um diesen Effekt zu erreichen, beginne damit, dass du mit deiner Greifhand die Akkordform in Beispiel 4a greifst. Die Griffweise ist für die gegriffenen Noten angegeben.

Beispiel 4a

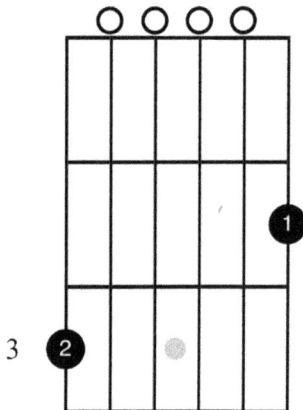

Harp Harmonics werden durch den Wechsel von konventionell gezupften Tönen und künstlichen Flageoletts erreicht, wobei die Töne so weit wie möglich ineinander klingen sollen. In Beispiel 4b werden die Flageoletts wie bisher mit dem „Diamanten" angezeigt. Die Schlaghand muss abwechselnd mit Daumen und Ringfinger zupfen, um den Effekt zu erzielen.

Um die Obertöne zu spielen, lege den Zeigefinger leicht über den Teilungspunkt der Flageoletttöne 12 Bünde über der gegriffenen Note. Zupfe die Note mit dem Daumen (oder einem Daumenpick, wenn du einen benutzt). Alle anderen Noten können mit dem Ringfinger gespielt werden. Achte darauf, dass die Noten für den satten Harfenklang zusammenklingen.

Beispiel 4b

Diese Idee setzt sich im nächsten Takt mit einer zusätzlichen Verzierung fort. Benutze den Mittel- und Ringfinger für die Hammer-Ons und Pull-Offs.

Beispiel 4c

Das Outro zu diesem Arrangement beinhaltet einige interessante Akkordbewegungen und einen großen, üppigen Akkord, der fast ausschließlich aus Obertönen besteht. Dazu wird mit dem ersten Finger ein Barrégriff über den 7. Bund gemacht. Berühre die Saiten, aber drücke sie nicht nach unten. Dadurch können die Obertöne erklingen. Spiele mit dem kleinen Finger gleichzeitig die Note auf der tiefen E-Saite, 10. Bund.

Beispiel 4d

Hier ist also das vollständige Arrangement...

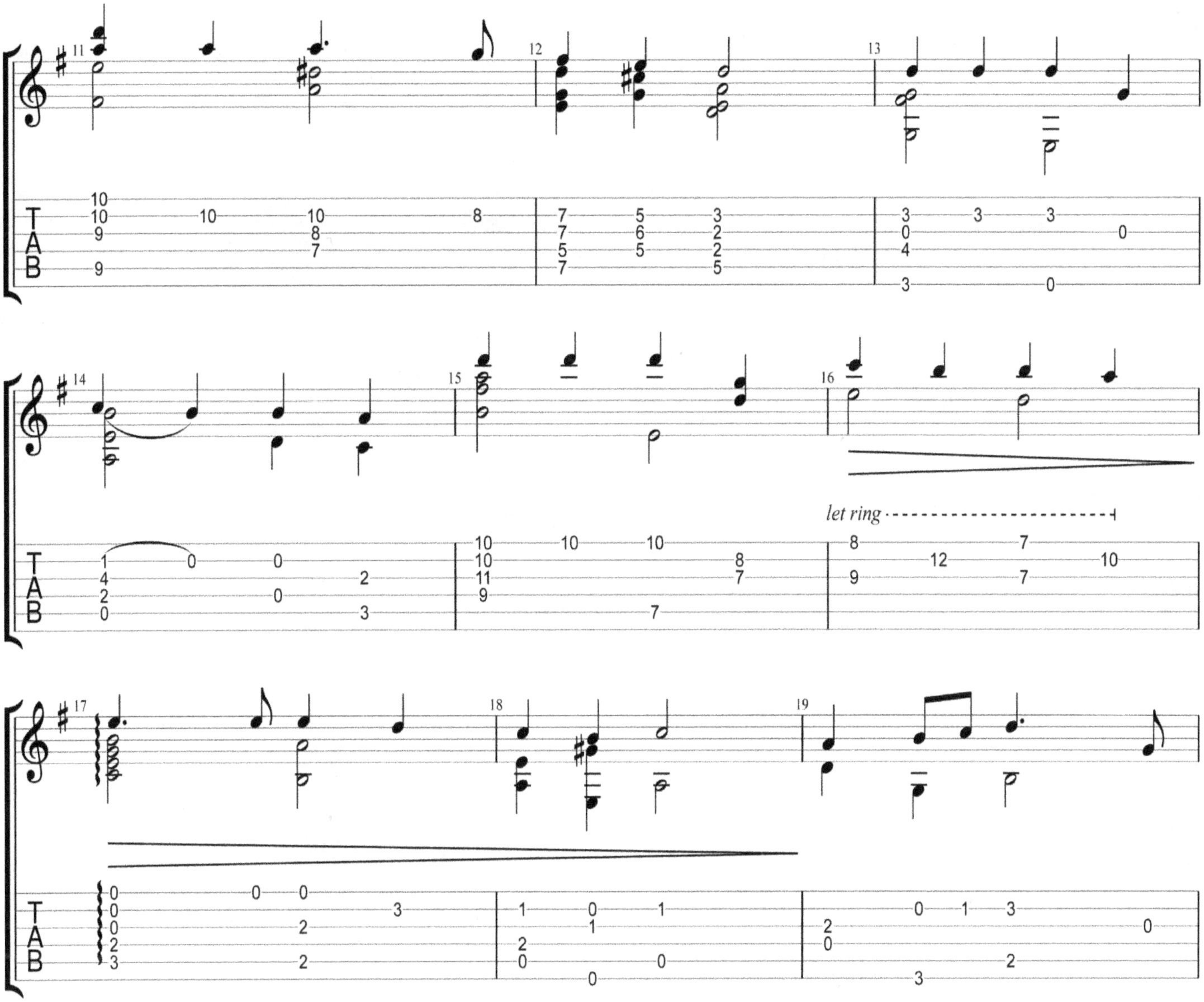
TAB
let ring

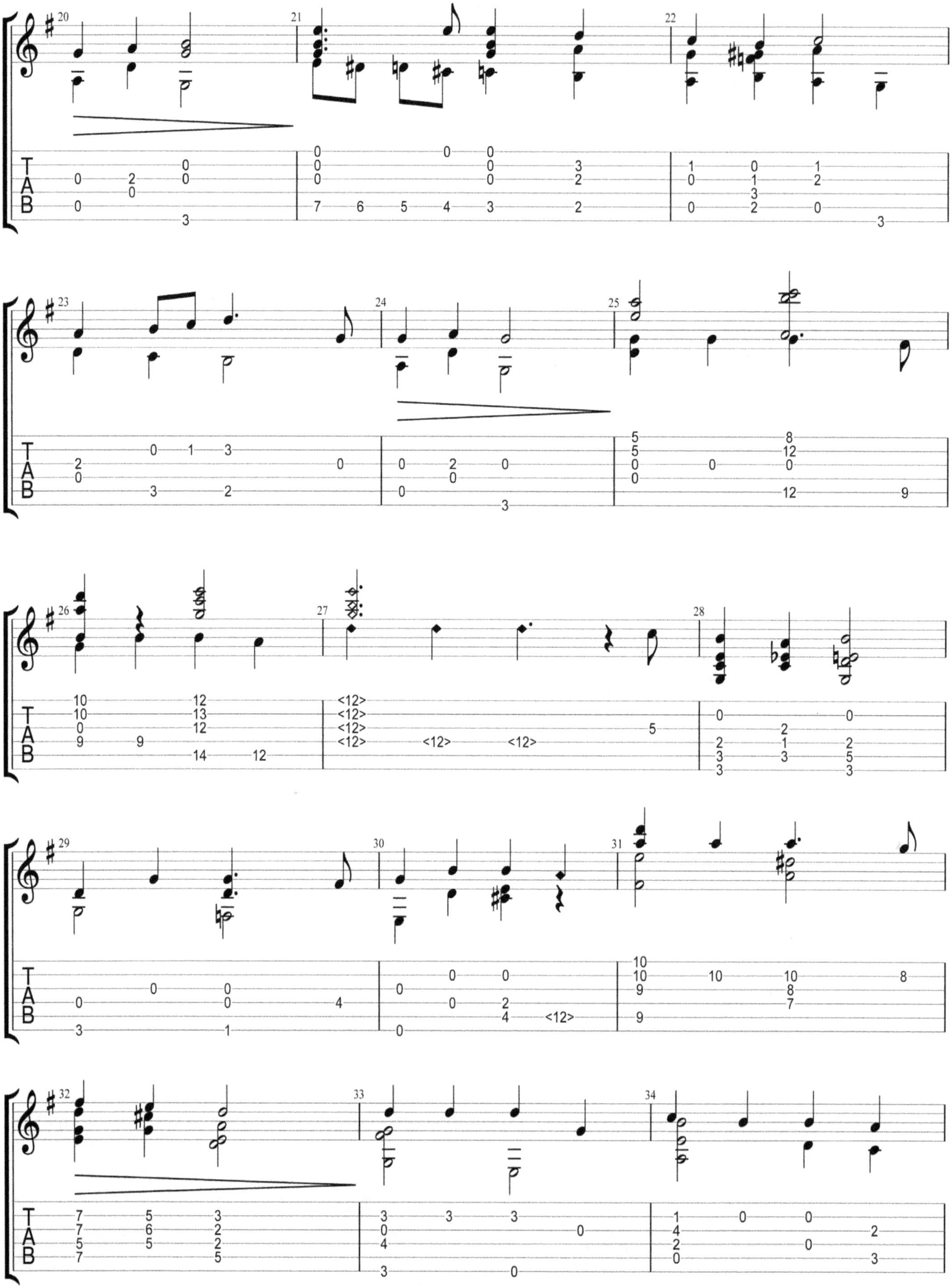

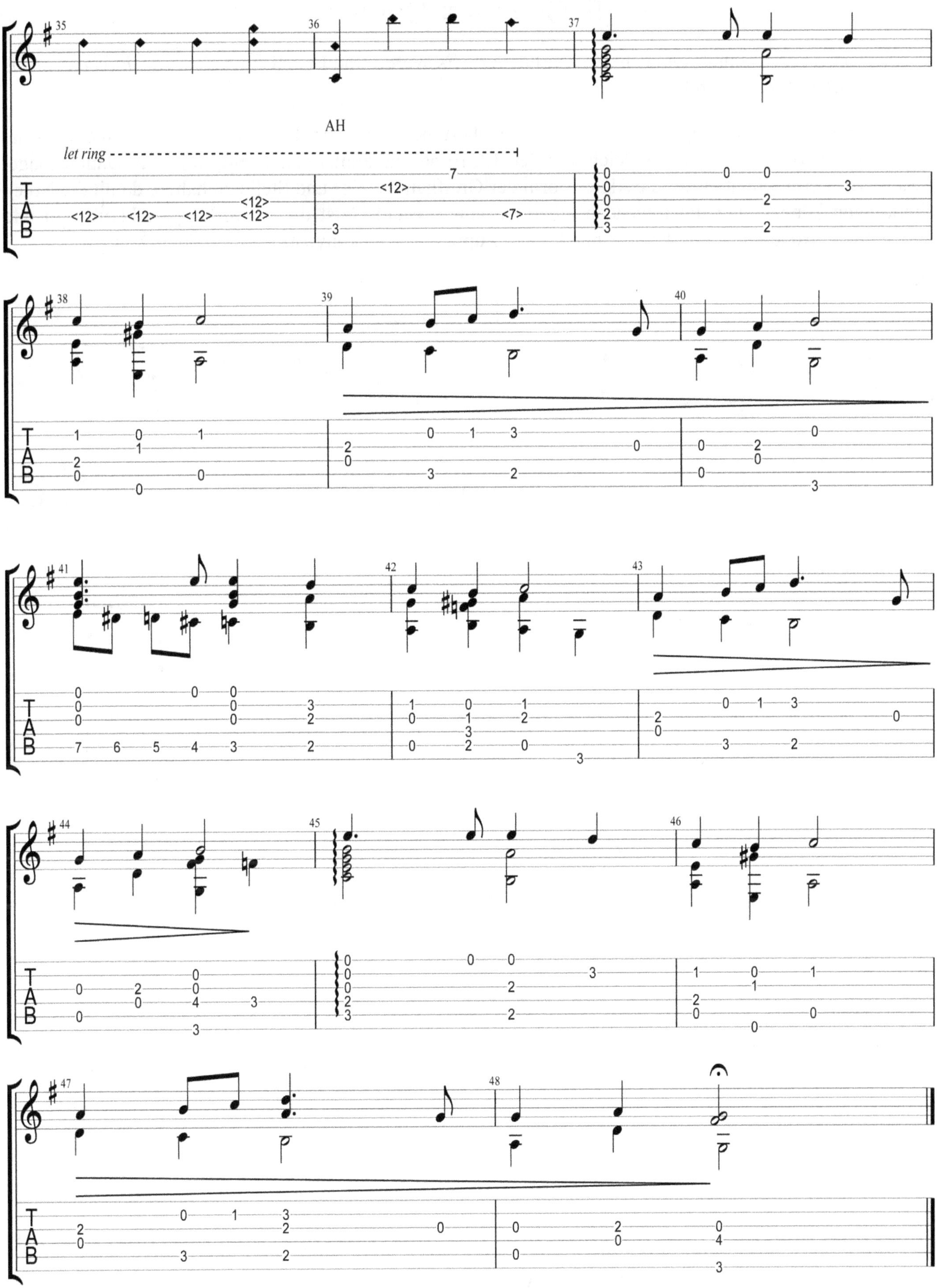
AH
let ring
TAB

5. Coventry Carol

Das *Coventry Carol* stammt aus dem 16. Jahrhundert. Es wurde traditionell im Stück *The Pageant of the Shearmen and Tailors* aufgeführt.

In der Einleitung dieses Arrangements spielst du die Obertöne am 12. Bund nur mit der Schlaghand. Diesmal legst du die Spitze des Zeigefingers leicht auf den 12. Bund und zupfst gleichzeitig mit dem Daumennagel die Saite. Dies ermöglicht es dir, die Akkordform der Greifhand an Ort und Stelle zu halten, damit die Noten weiterklingen können. Für die folgenden Obertöne am 7. Bund hältst du die vorherige Akkordform und berührst den 7. Bund leicht mit dem kleinen Finger. Zupfe die Saite konventionell mit dem Daumen.

Beispiel 5a

In Takt 6 hält die Greifhand eine B7-Akkordform, während die Schlaghand die Obertöne zwölf Bünde über den gegriffenen Noten zupft.

Beispiel 5b

Im ersten Takt darunter (Takt 14 im vollständigen Arrangement), nutze den ersten Finger für einen Barrégriff über die Saiten 1 bis 4 und greife mit dem kleinen Finger am 7. Bund. Benutze die Schlaghand, um diese Harp Harmonics zu zupfen. Beginne mit den natürlichen Flageoletttönen am 12. Bund, dann positioniere den Zeigefinger über dem Teilungspunkt der Flageoletttöne 12 Bünde darüber für jede gegriffene Note (d.h. für die Note auf der 4. Saite, 5. Bund, berührst du sanft den 17. Bund).

Im zweiten Takt behältst du die Form der Greifhand für den gesamten Takt bei, um die gleiche Technik in umgekehrter Richtung durch die Saiten nach unten zu führen.

Beispiel 5c

Hier ist das vollständige Arrangement der Melodie...

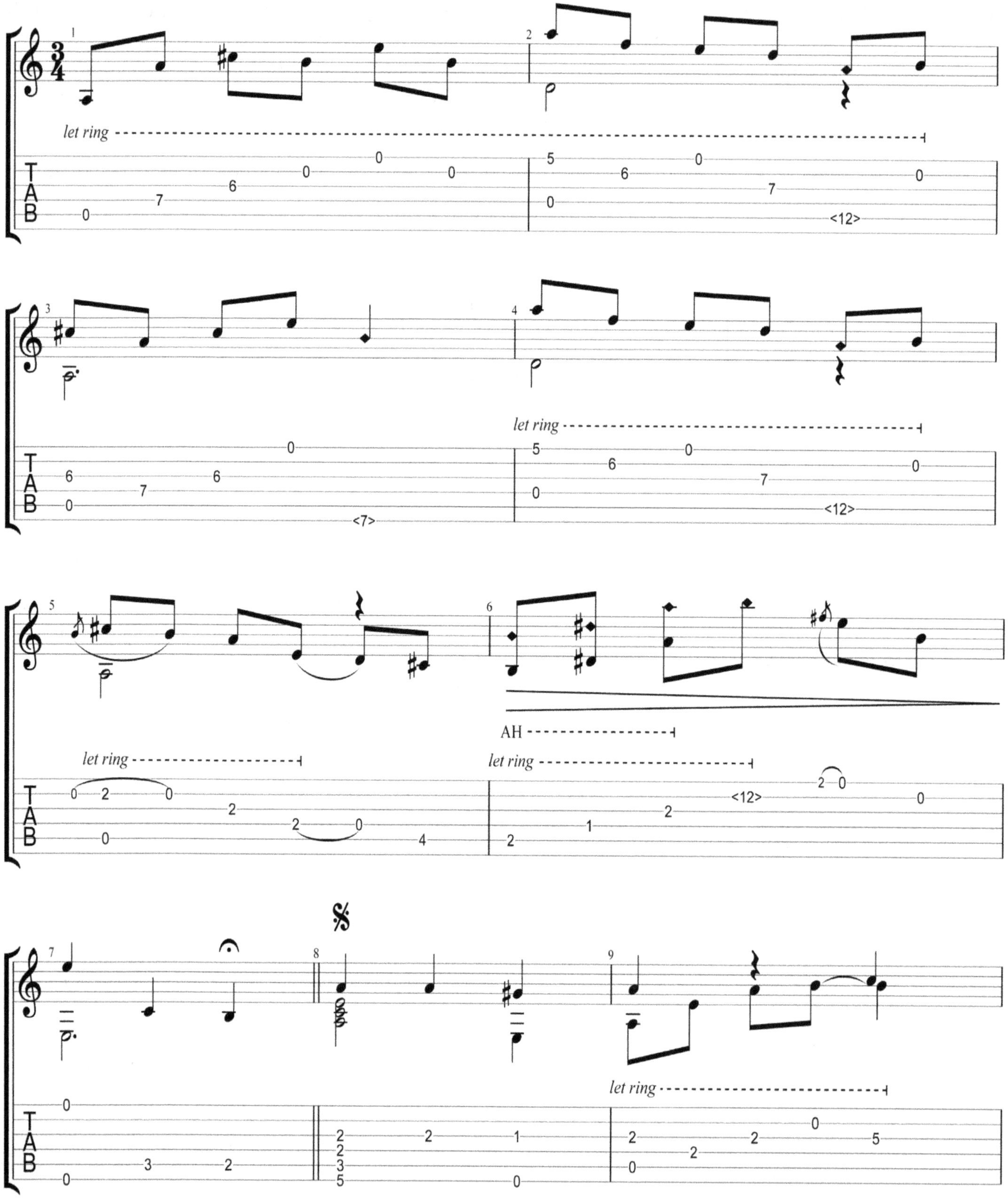
let ring
<12>
<7>
AH

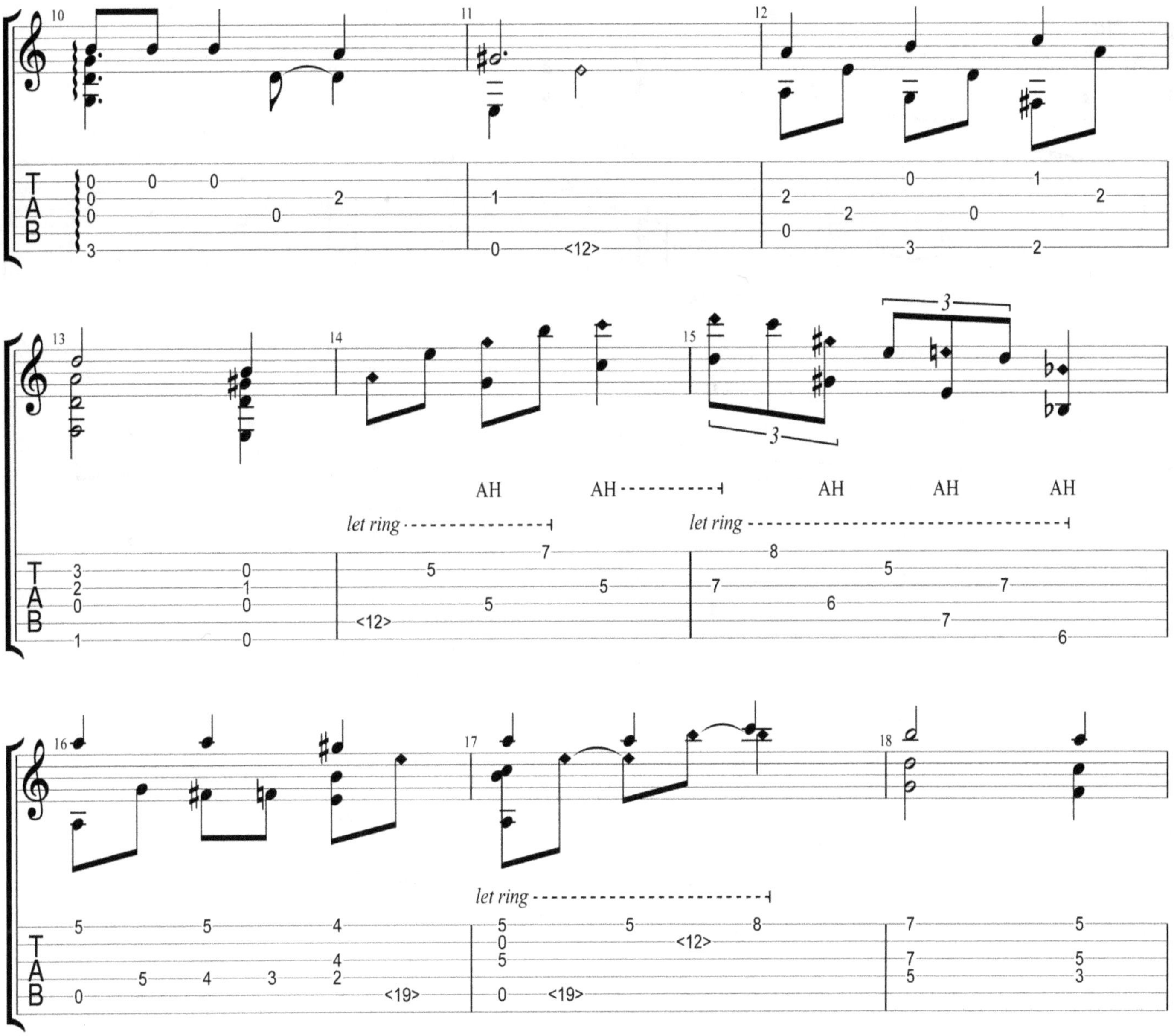
AH
AH
AH
AH
AH
let ring
let ring
let ring

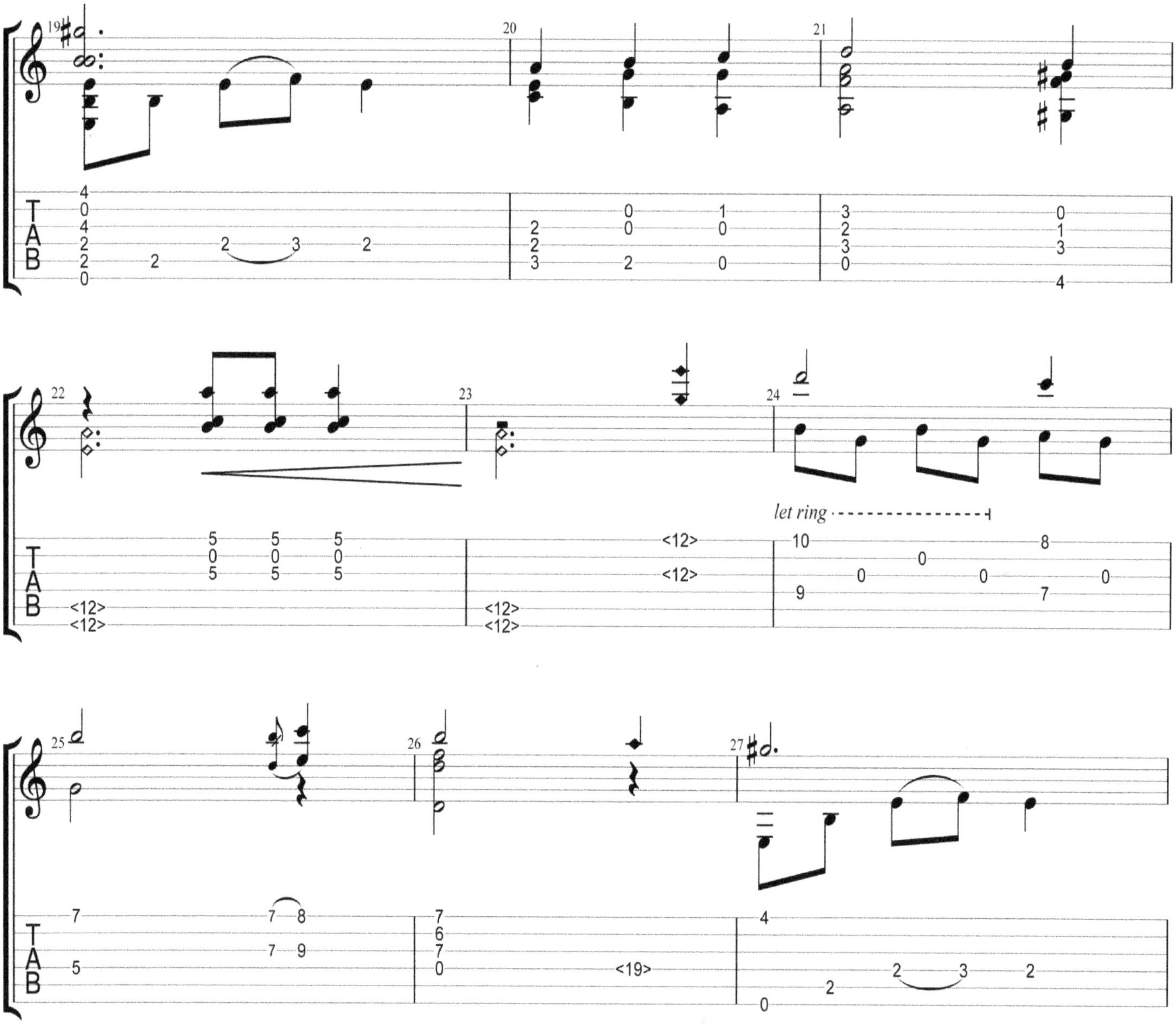
let ring

Da Coda

D.S. al Coda

6. Deck the Hall

Deck the Hall (oft fälschlicherweise als „Deck the Halls" bezeichnet) ist eine walisische Melodie aus dem Lied *Nos Galan* aus dem 16. Jahrhundert, das „Neujahrsfeier" bedeutet. Es wird wörtlich übersetzt mit „erster Tag des Monats".

Dieses Arrangement beginnt mit dem vielleicht anspruchsvollsten Beispiel für Flageoletts, das in diesem Buch vorgestellt wird. Aufgeführt im Stil von Lenny Breau, skizziert es eine ii-V-I-Akkordfolge in F-Dur. Wenn man das einmal gelernt hat, kann man es leicht auf andere Tonarten übertragen und in das eigene Spiel übernehmen, da die Formen meist beweglich sind. Der Schlüssel dazu ist es, es wirklich langsam zu spielen, die Fingerbewegungen im Muskelgedächtnis zu speichern und sie nach und nach auf Geschwindigkeit zu bringen.

Beginne damit, mit deinem Zeigefinger einen Barrégriff über den 3. Bund zu bilden. Du wirst dich wie in *Hark! The Herald Angels* wie auf einer Harfe über die Saiten bewegen, aber wenn du die 1. Saite erreichst, dann mache mit dem kleinen Finger vom 5. Bund einen Pull-Off, um den Ton auf dem 3. Bund klingen zu lassen. Sei in den folgenden zwei Takten ausdrucksstark und flüssig mit dem Tempo.

Beispiel 6a

Die Melodie in Takt 17 und 18 wird wieder mit Obertönen gespielt. Halte die gegriffenen Noten so lange wie möglich auf dem 1. und 3. Bund und zupfe mit der Schlaghand 12 Bünde darüber. Es sollte immer mindestens eine vorhergehende Note diese Phrase hindurch klingen, um den vollen Effekt zu erhalten.

Beispiel 6b

Hier ist das vollständige Arrangement...

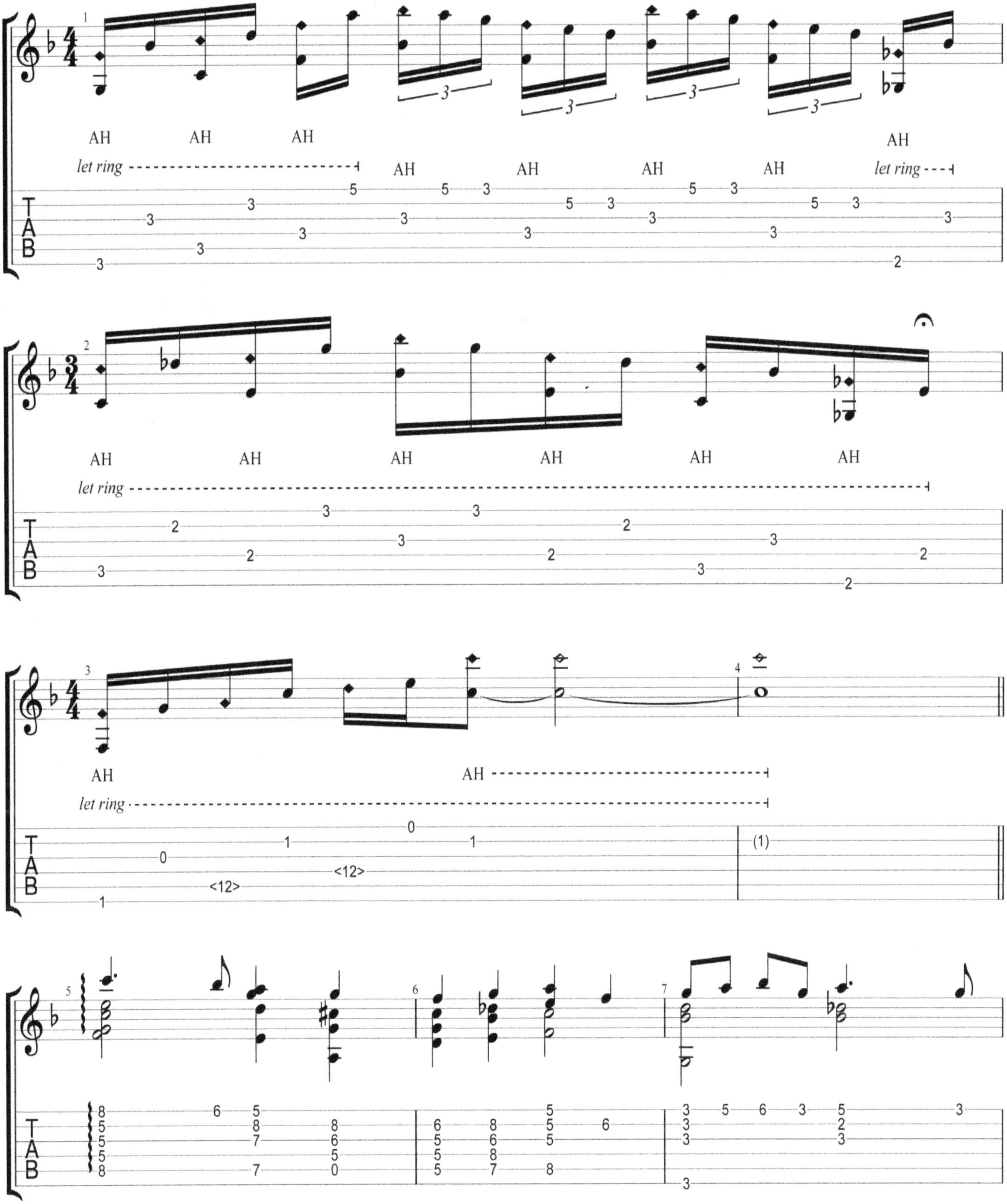
AH AH AH
let ring
AH AH AH AH
AH
let ring
AH AH AH AH AH AH
let ring
AH
AH
let ring

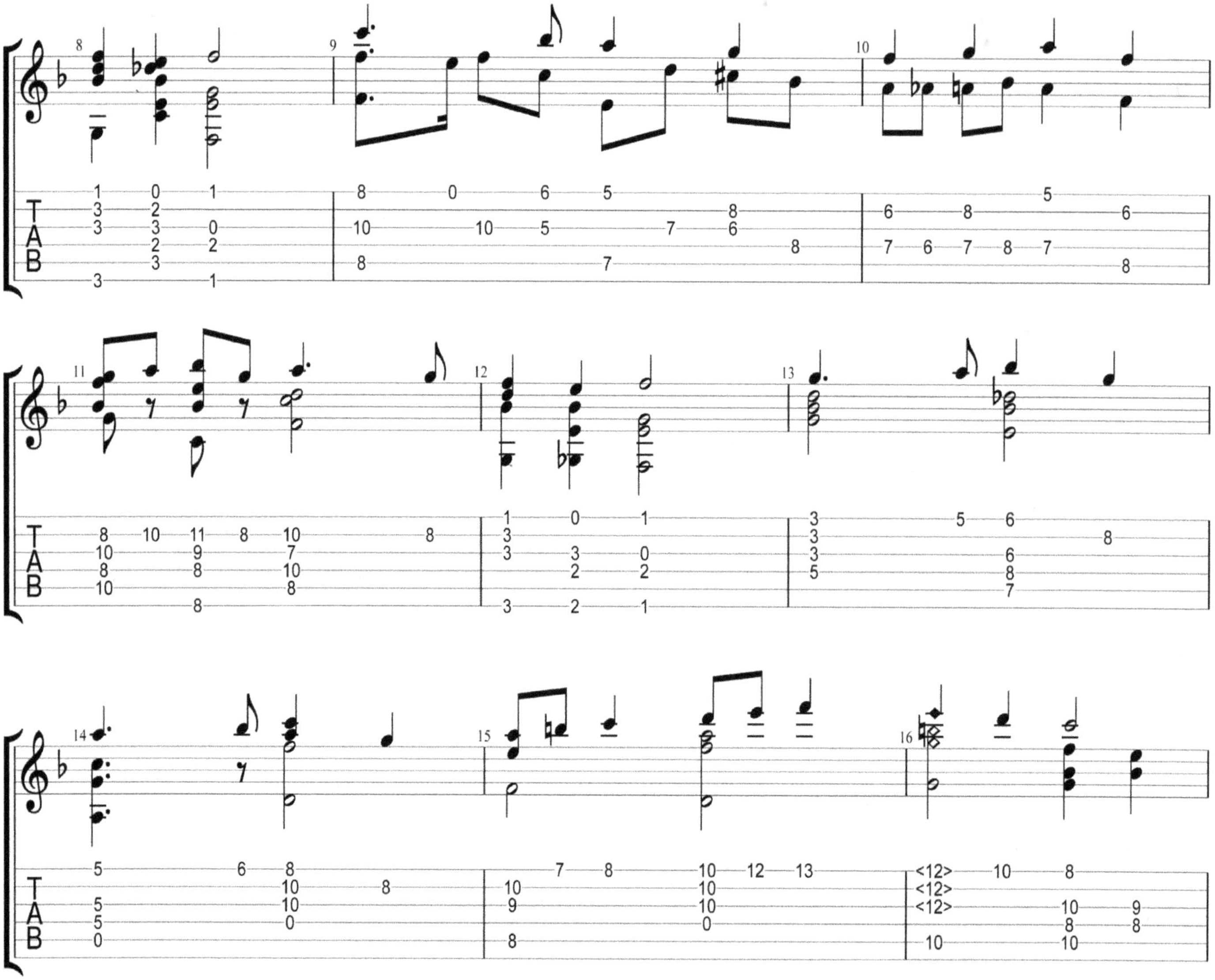
8
9
10
TAB
11
12
13
TAB
14
15
16
TAB

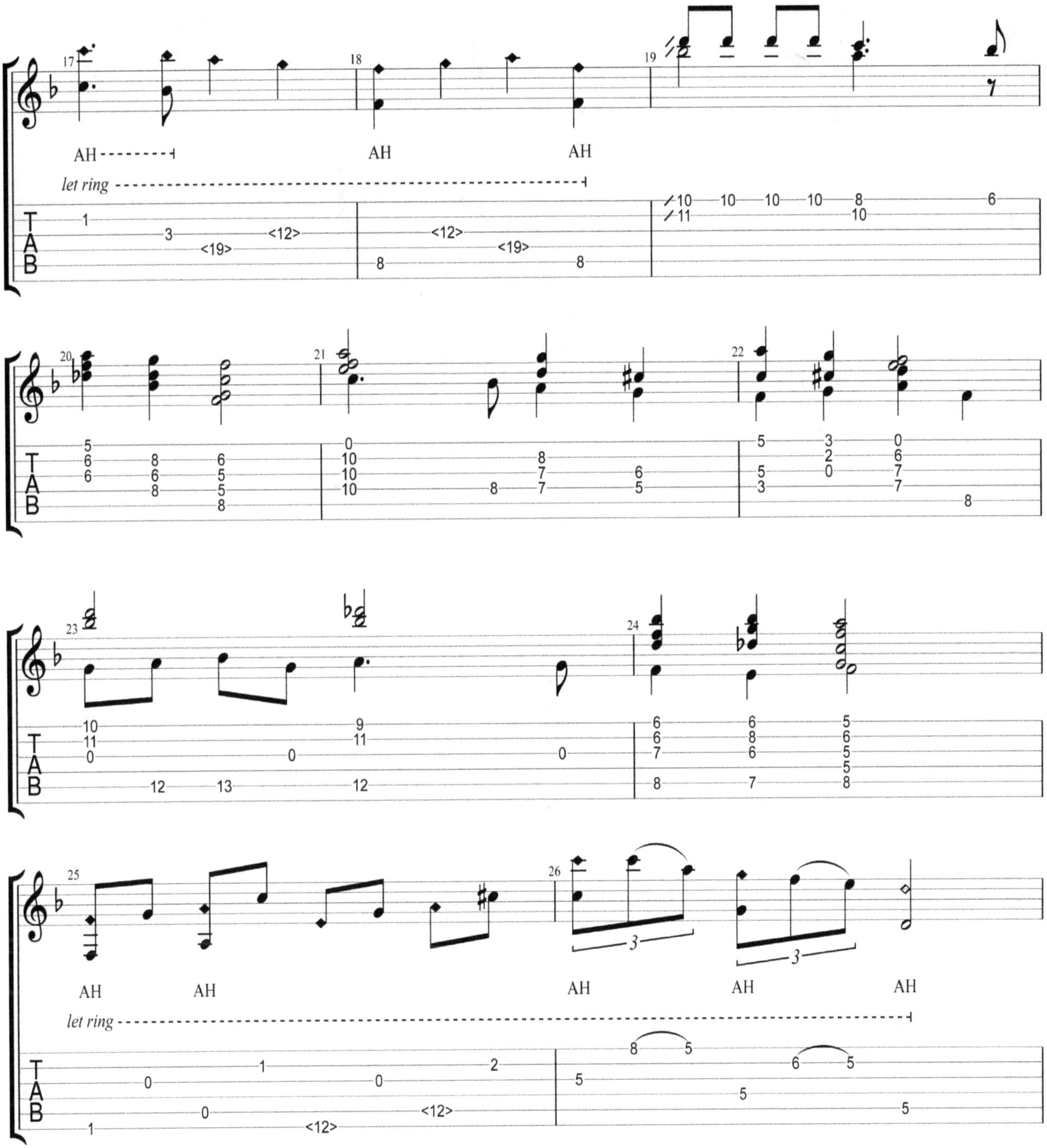
AH
AH
AH
let ring
AH
AH
AH
AH
AH
let ring

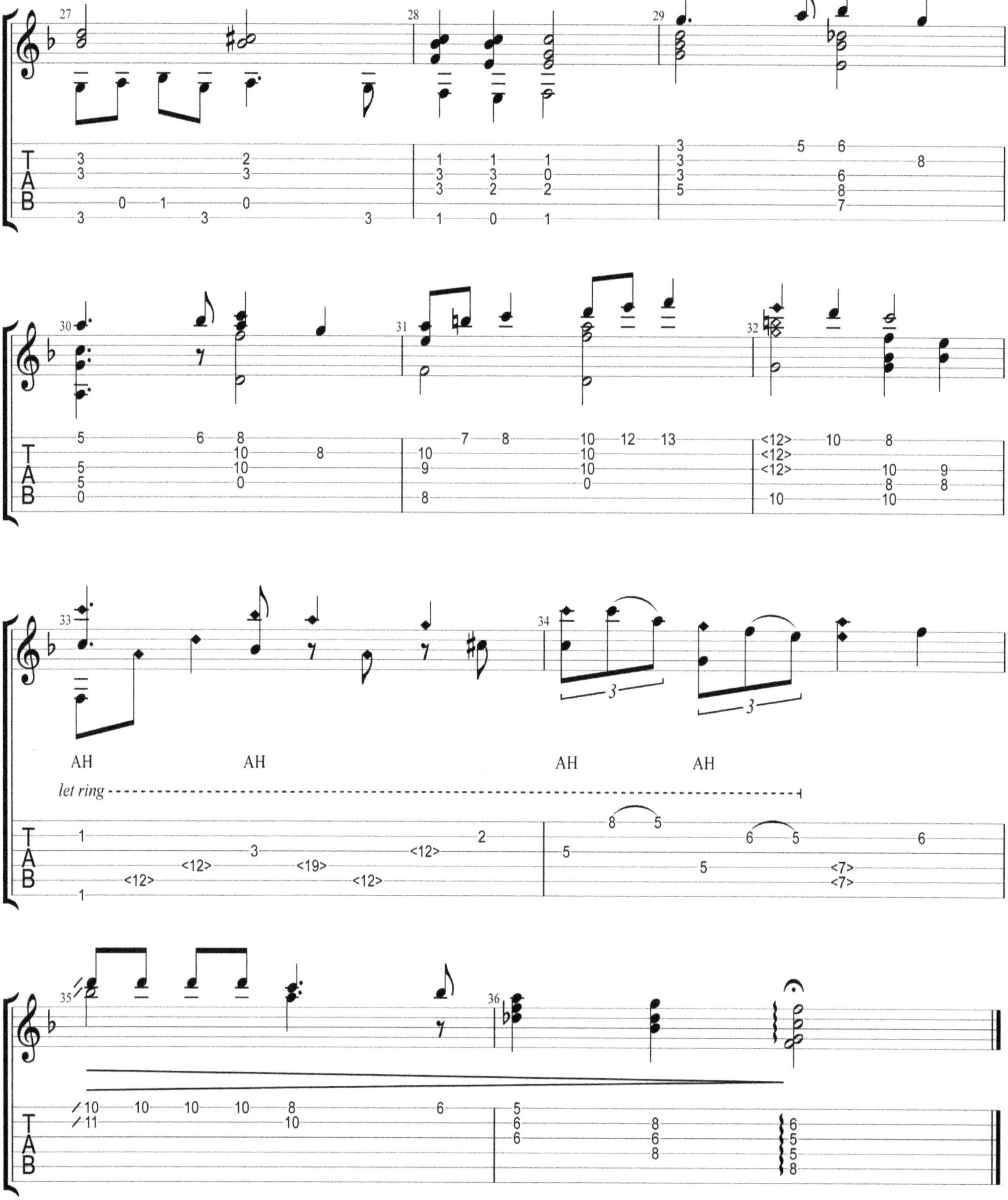
AH
AH
AH
AH
let ring

7. Good King Wenceslas

Good King Wenceslas ist auf eine Melodie aus dem 13. Jahrhundert gesetzt, die zur Feier des Frühlings geschrieben wurde (*Tempus Adest Floridum* – „die Zeit ist nahe der Blüte").

Dieses Arrangement erweitert die in *Deck The Hall* verwendeten Flageolett-Techniken. Die Idee des Triolen-Pull-Offs in Takt fünf ist fast identisch, wird nun aber in G-Dur gespielt. Du siehst, wie leicht sich diese Idee auf andere Tonarten verschieben und anpassen lässt. Die Einleitung wurde hier um verschiedene Arten von Akkord-Voicings erweitert. Verwende diese Harfentechniken, um mit einigen deiner eigenen Lieblingsakkorde zu experimentieren.

Beispiel 7a

Um die Flageoletttöne in Takt zehn zu spielen, benutze die Spitze des Zeigefingers über dem 12. Bund und zupfe mit dem Ringfinger, wobei du den Daumen frei lässt, um die offene 4. Saite zu zupfen.

Beispiel 7b

Die nächsten beiden Takte erfordern die gleiche Technik, um Bassnoten und Obertöne gleichzeitig auszuführen.

Beispiel 7c

Hier ist also das vollständige Arrangement...

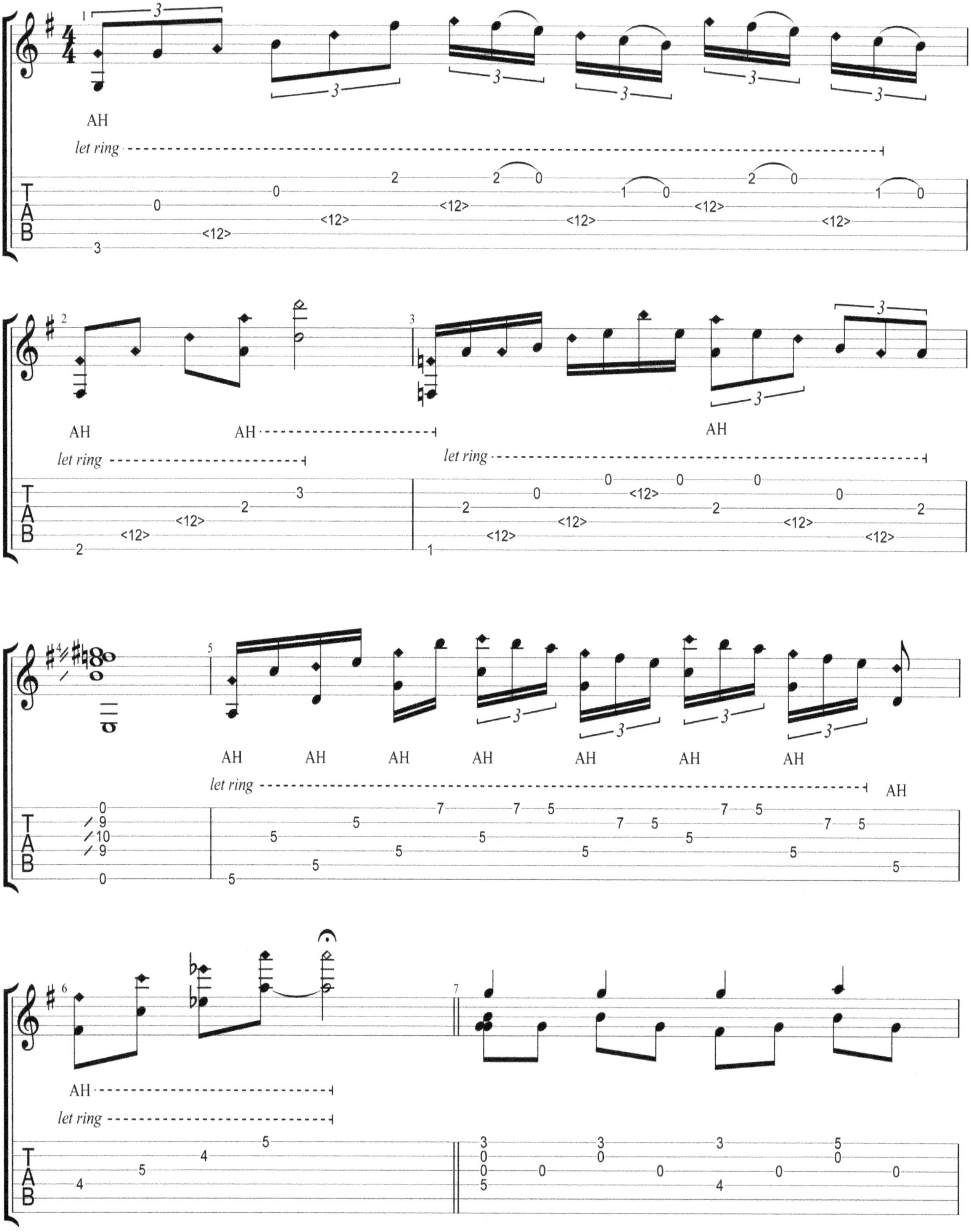
AH
let ring
AH
AH
let ring
let ring
AH
AH
AH
AH
AH
AH
AH
AH
AH
let ring
AH
AH
let ring

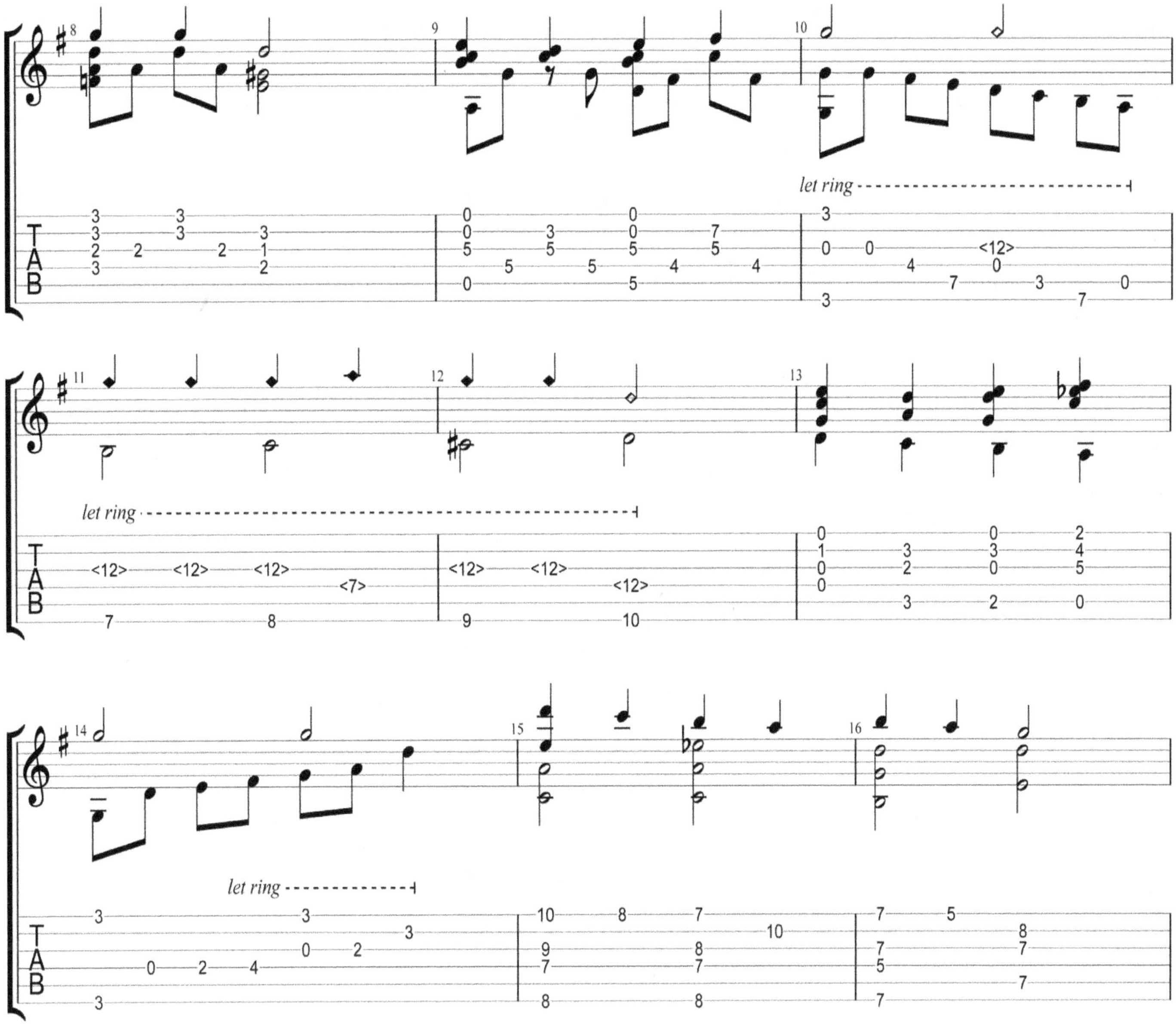
let ring
let ring
let ring

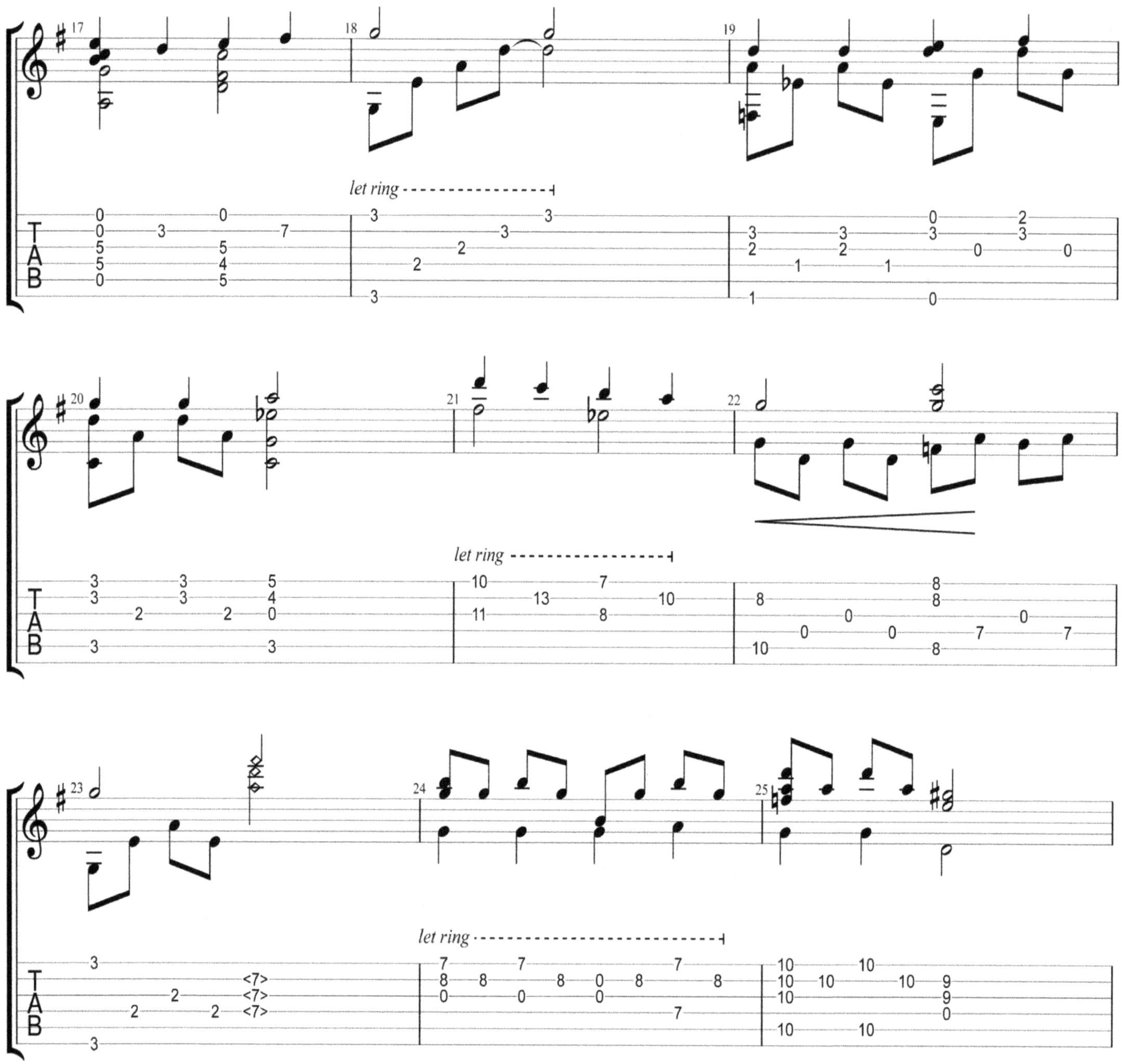
let ring
let ring
let ring

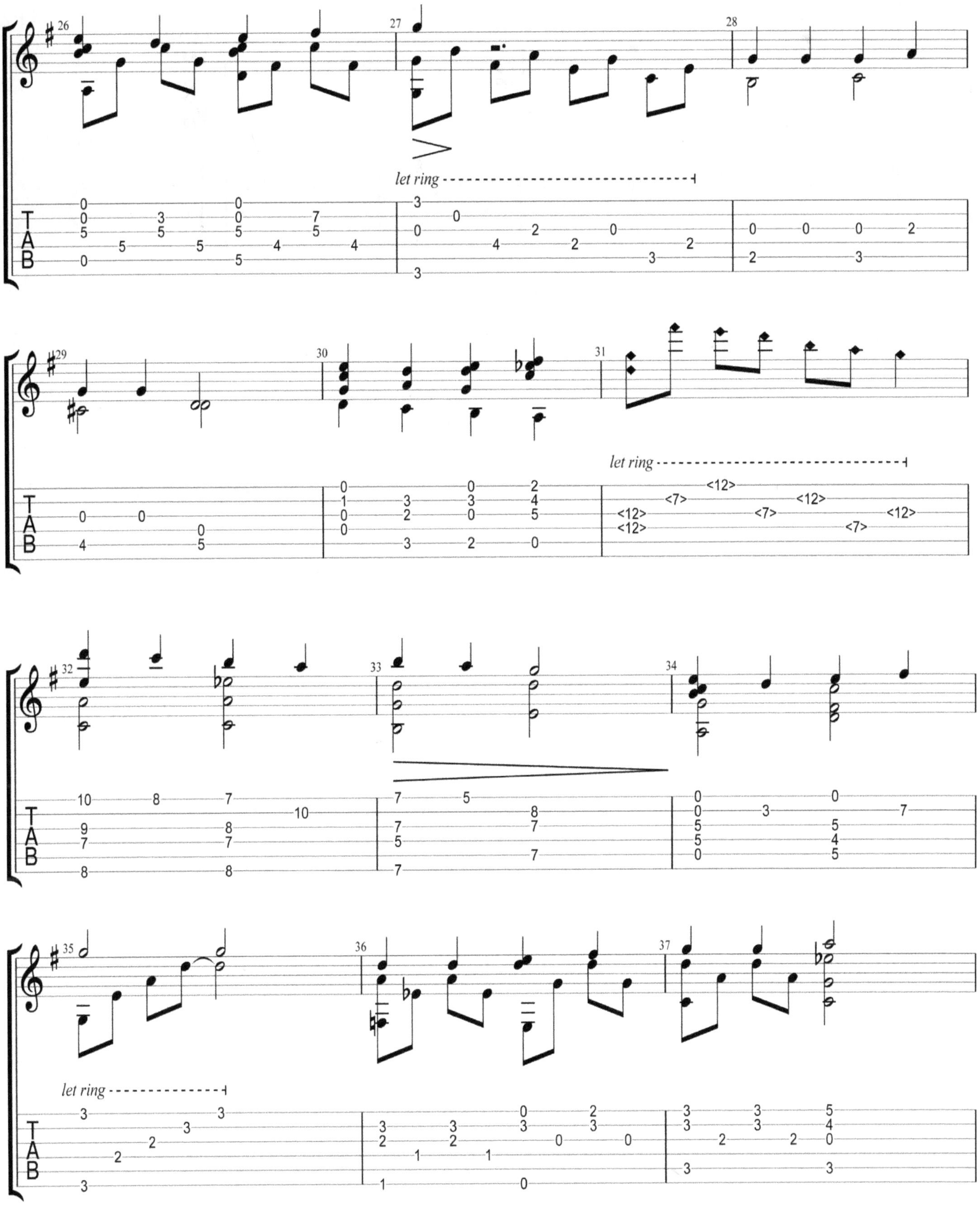
let ring
let ring
let ring

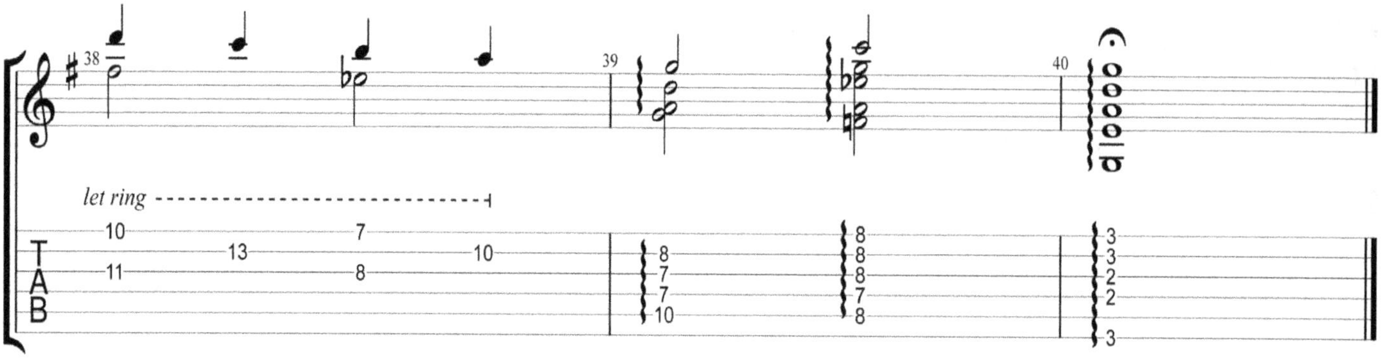
let ring
TAB

8. Jingle Bells

Das äußerst populäre *Jingle Bells* wurde von James Lord Pierpont geschrieben und 1857 unter dem Titel *One Horse Open Sleigh* veröffentlicht. Ursprünglich als amerikanisches Thanksgiving-Lied gedacht, ist es inzwischen zum Synonym für Weihnachten geworden.

Dieses Arrangement beginnt mit einigen energetischen, Country-inspirierten Licks! Spiele den Slide am Anfang mit dem kleinen Finger, dann spiele einen Pull-Off mit dem Zeigefinger. Verankere den kleinen Finger auf der 2. Saite und behalte ihn beim nächsten Pull-Off dort bei.

Spiele im nächsten Takt die offene 1. Saite und führe dann den Pull-Off auf der 2. Saite durch, indem du mit dem kleinen Finger einen Pull-Off zum Zeigefinger (von Bund 6 zu Bund 3) und mit dem Zeigefinger einen Pull-Off zur offenen Saite machst.

Als nächstes verankerst du deinen Ringfinger auf der 3. Saite, 5. Bund, und führst den Pull-Off auf der zweiten Saite mit dem Zeigefinger durch. Das Muster setzt sich mit der gleichen Verankerungstechnik über das Griffbrett fort.

Beispiel 8a

Im nächsten Beispiel wird der Groove mit einem Riff und einem Hauch von Percussion auf der 6. Seite aufgebaut. Zupfe die erste Note mit dem Daumen (für die Aufnahme wurde ein Daumenpick verwendet) und schlage dann den Daumen gegen die gedämpfte Saite (mit einem „x" gekennzeichnet). Nach dem Slide zupfst du gleichzeitig die 5. Saite und schlägst die Saiten. Das „x" wird auf der 6. Saite angezeigt, aber das Anschlagen („slap") kann auf jeder der niedrigen Saiten erfolgen.

Beispiel 8b

Als nächstes werden Riff und Melodie kombiniert. Beginne mit Daumen, Zeige- und Mittelfinger, schlage aber auf dem zweiten Schlag mit dem Daumen perkussiv auf die tiefen Saiten, während du gleichzeitig die offene 2. und 3. Saite zupfst. Übe diese Bewegung isoliert, bis sowohl der perkussive Teil als auch die offenen Saiten klar klingen.

Beispiel 8c

Die Obertöne im ersten Takt unten (Takt 24 im Arrangement) werden mit konventioneller Zweihandtechnik gespielt. Verwende im folgenden Takt nur die Schlaghand für die Obertöne und die Greifhand, um die tiefen Töne zu tappen (Hammer-On) ohne sie zu zupfen.

Beispiel 8d

Hier ist das komplette Arrangement für dich...

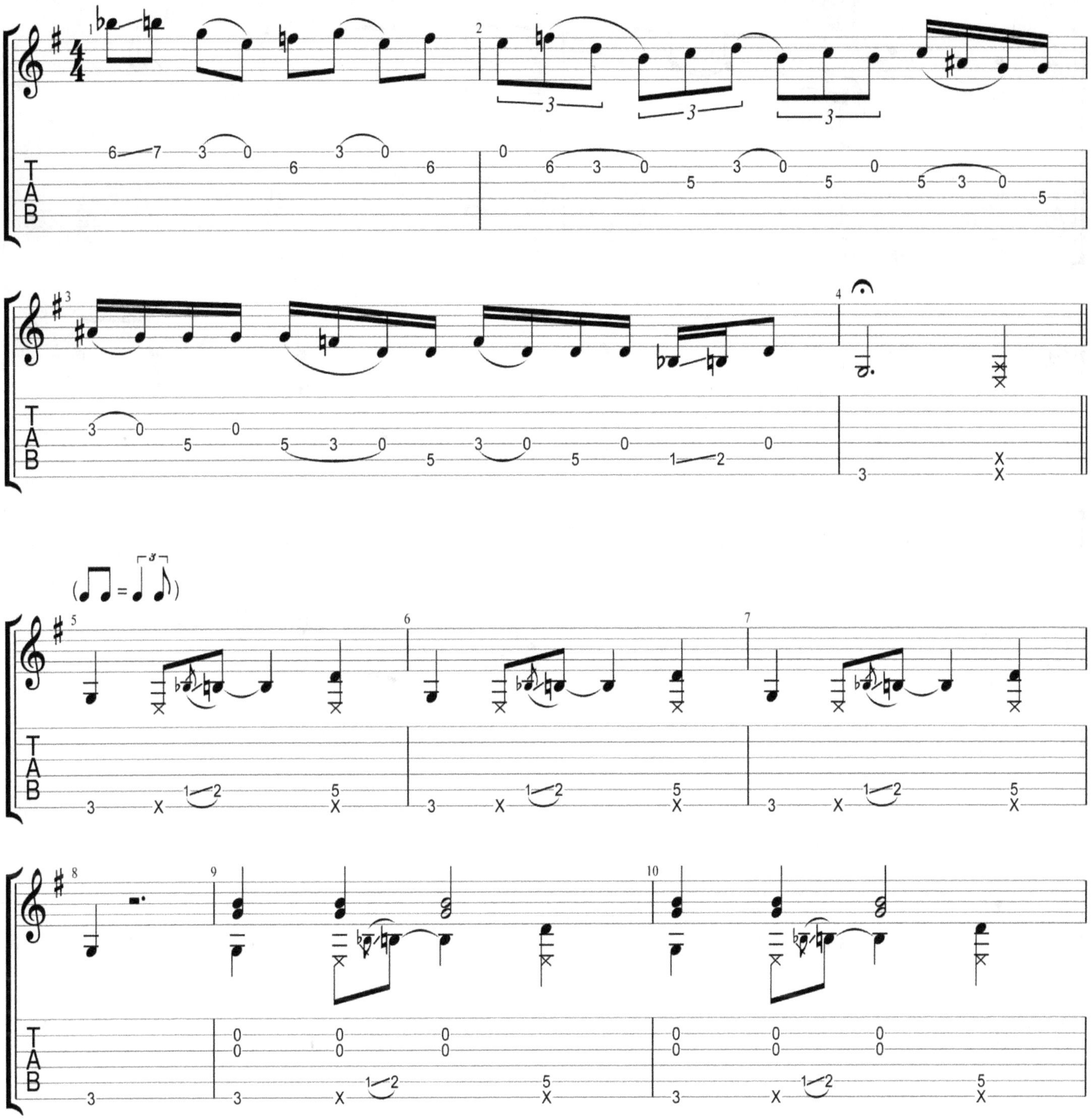

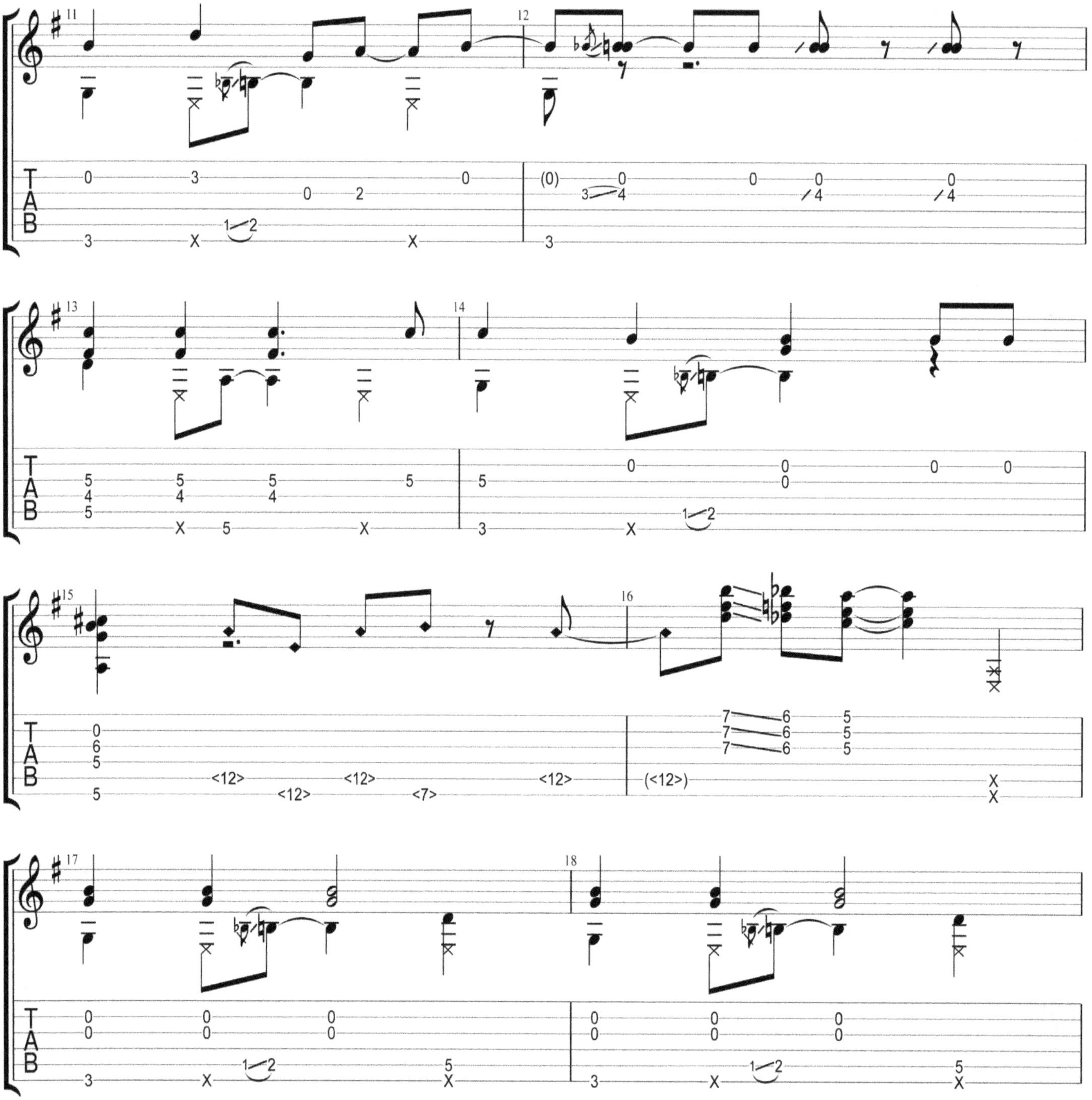

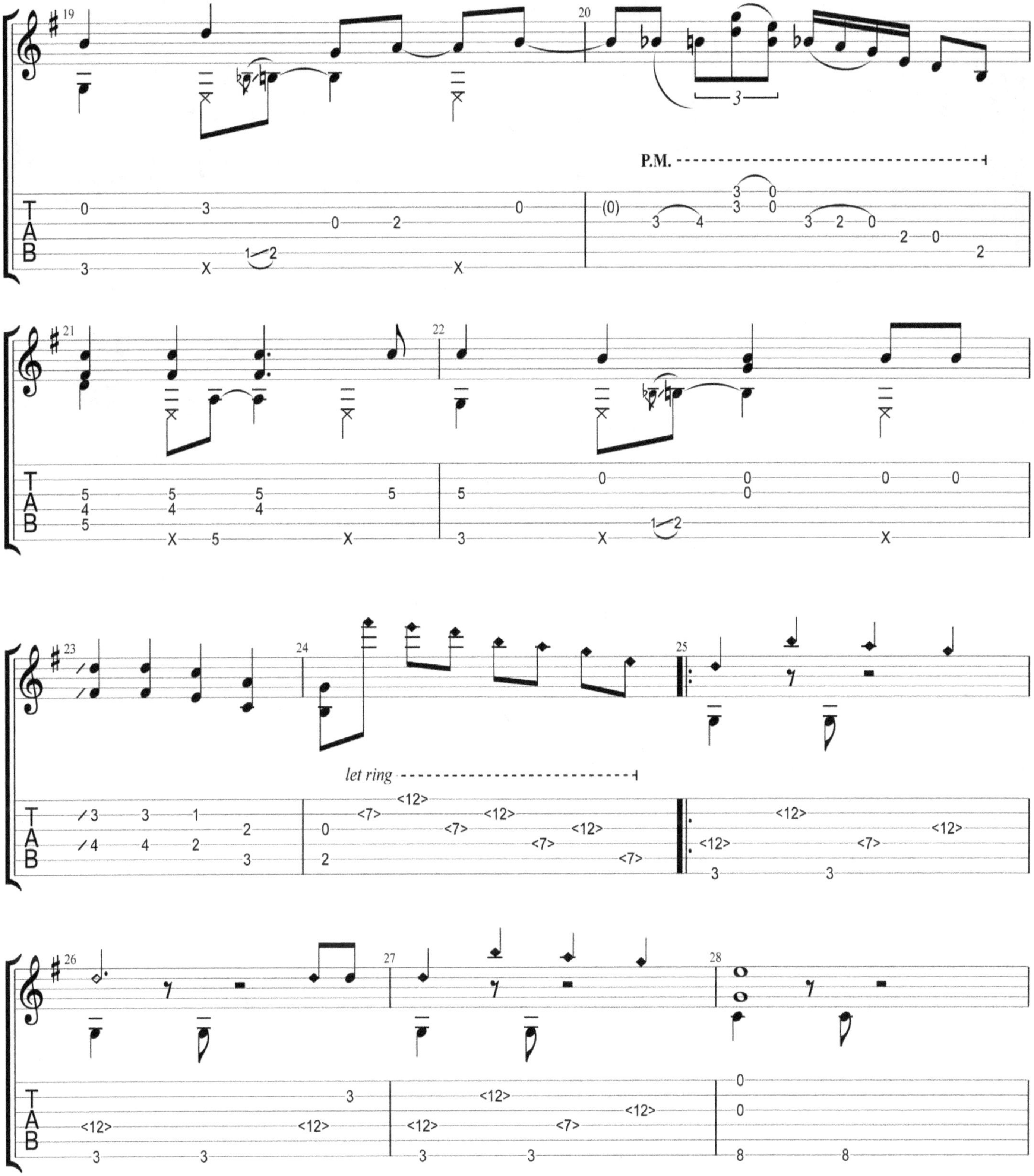
P.M.
let ring

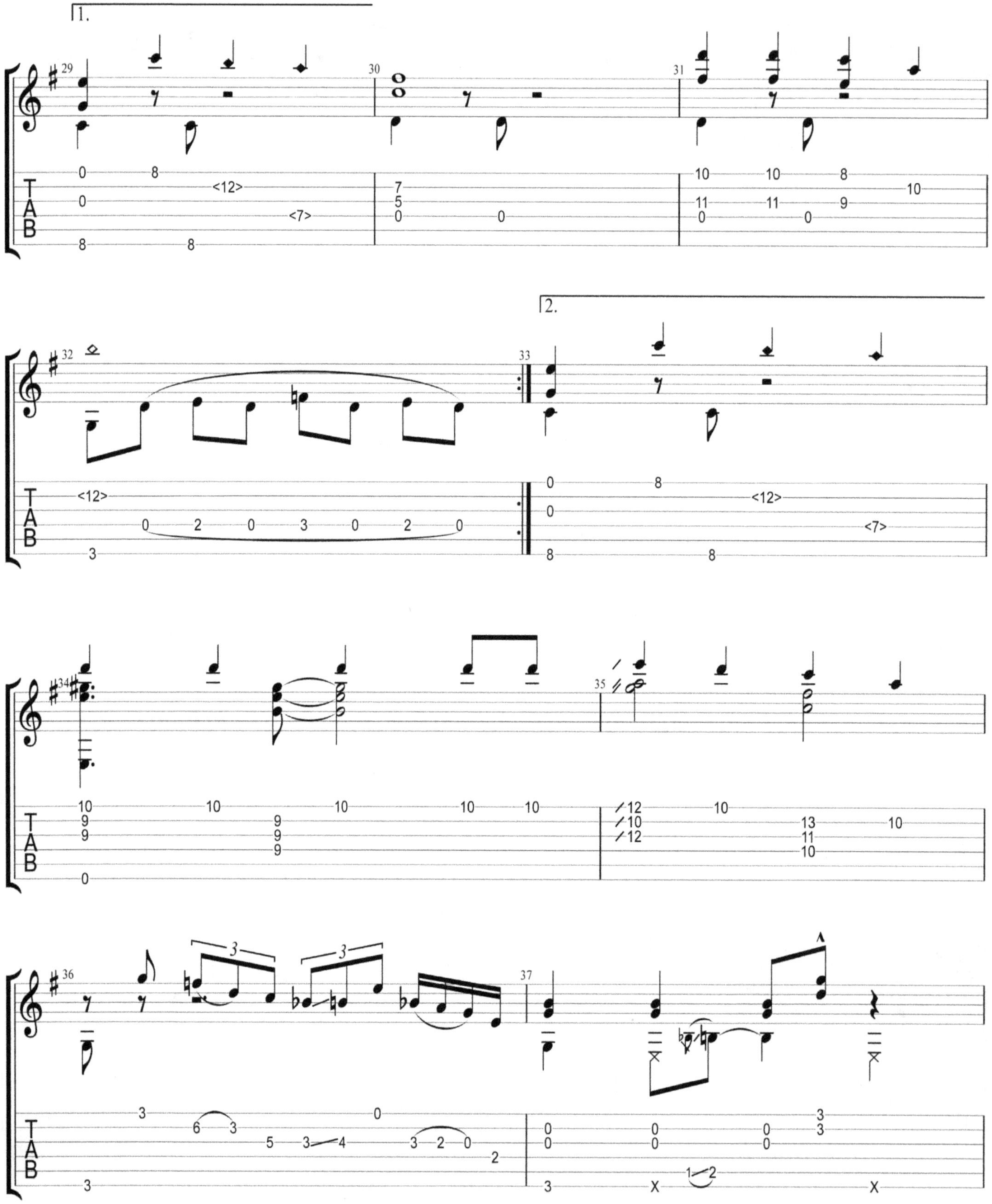

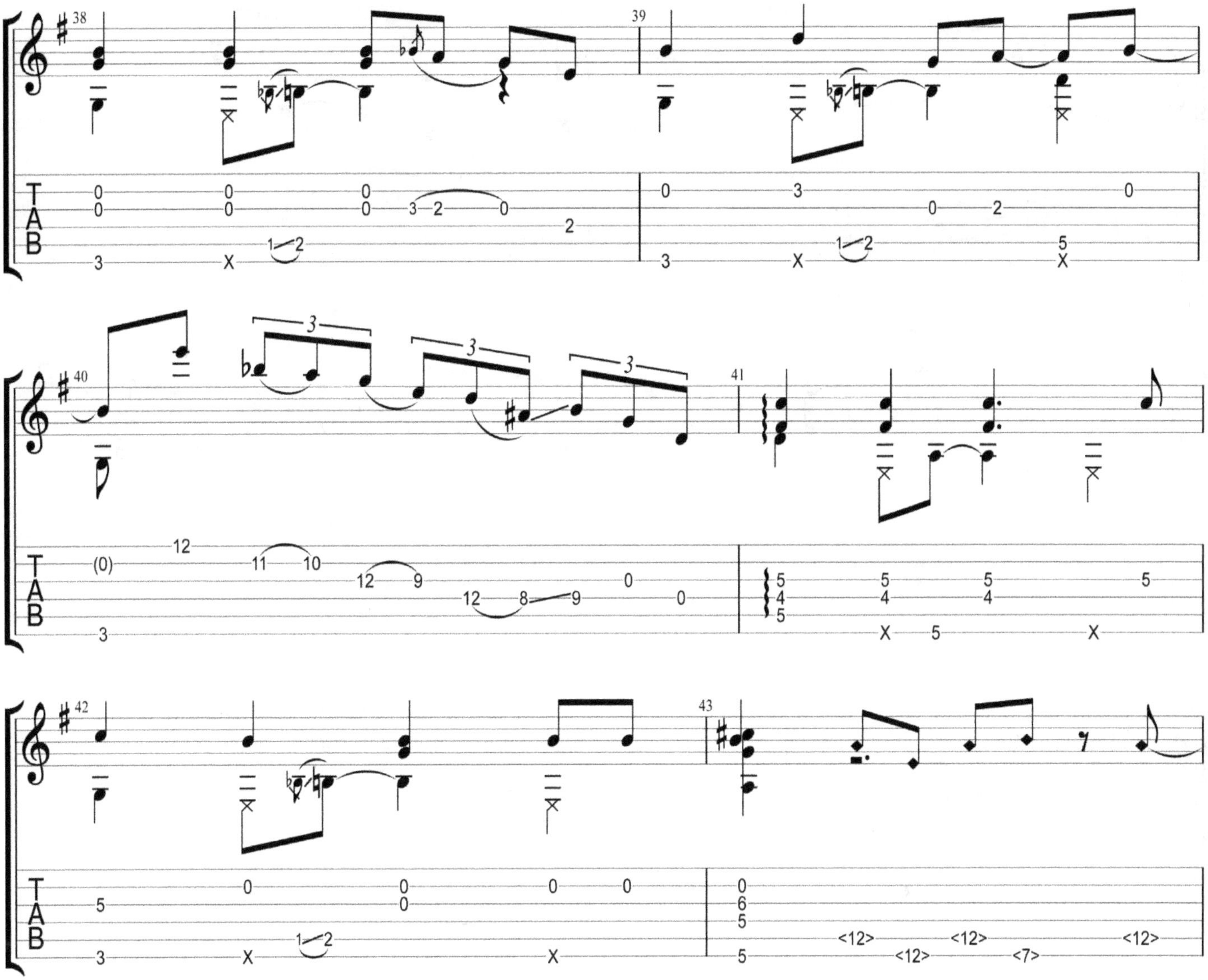

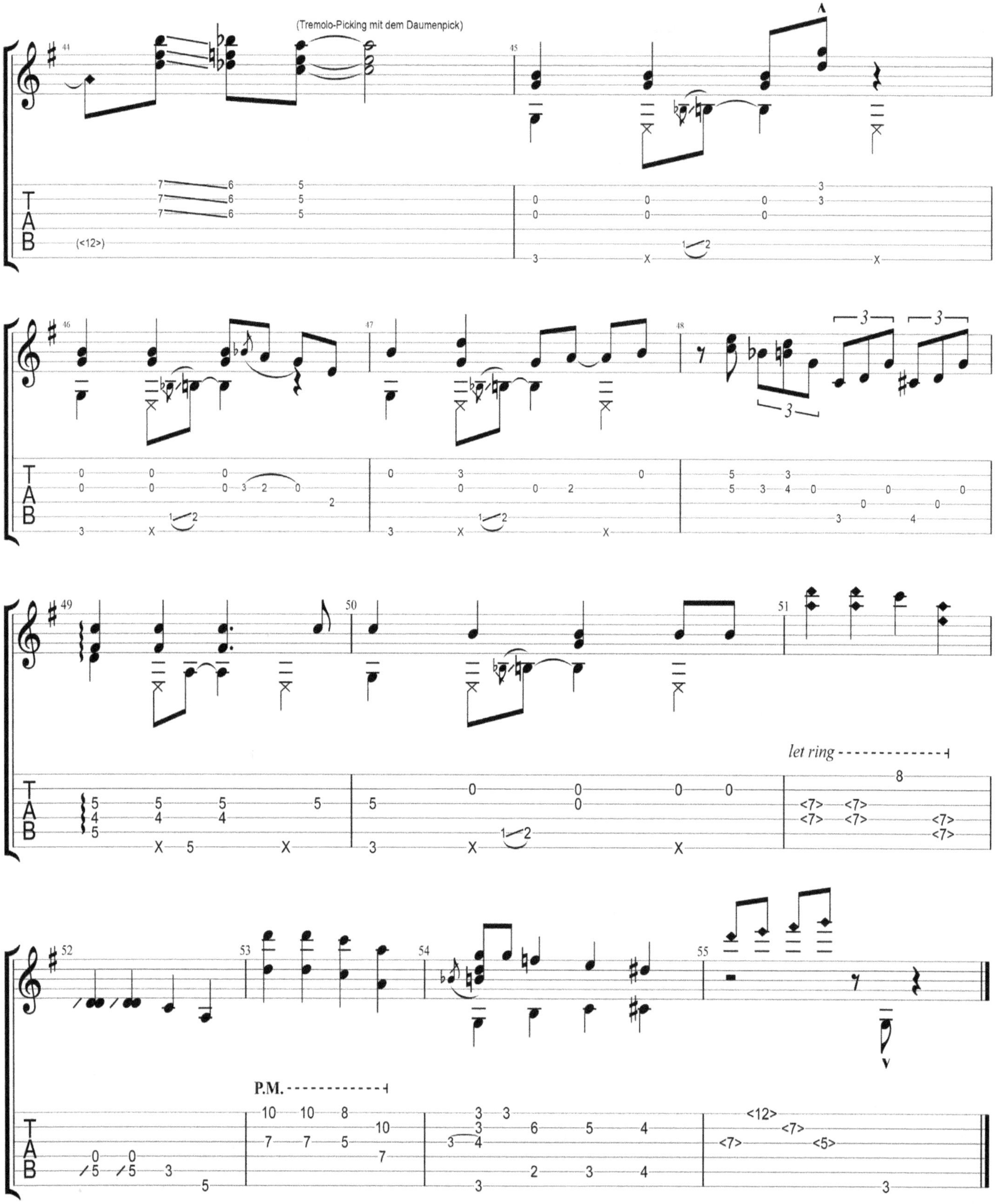
(Tremolo-Picking mit dem Daumenpick)
let ring
P.M.

9. God Rest You Merry, Gentlemen

God Rest You Merry, Gentlemen ist ein traditionelles englisches Lied, das wahrscheinlich im 16. Jahrhundert entstand, möglicherweise sogar früher.

Dieses Arrangement verwendet einen Kapodaster auf dem 3. Bund. Die Noten, die in der Einleitung auf der 6. und 4. Saite gespielt werden, werden alle mit dem Daumen gezupft, während die Finger die 2. und 3. Saite spielen. Die einzige Ausnahme ist der Anschlag am Ende, der durch das Anschlagen der Saiten mit den Nägeln in einem Downstroke ausgeführt wird. Mit dem Daumen der Greifhand greift man über den Hals und greift den Basston in Takt 2, Schlag 1.

Beispiel 9a

Diese Idee wird entwickelt, indem man mit dem kleinen Finger einen Pull-Off vom 3. zum 1. Bund und dann zur offenen Saite hinzufügt. Spiele dies zunächst langsam und baue das Tempo allmählich auf, um sicherzustellen, dass die Noten alle klar klingen. Die tiefen Töne werden immer mit dem Daumen gezupft, wie zuvor beschrieben. In diesem Beispiel wird der Daumen der Greifhand auch zum Greifen der gleichen Note verwendet.

Beispiel 9b

Während der Hauptmelodie zupft der Daumen weiterhin abwechselnd auf den tiefen Saiten, während die Finger die Melodie und die Akkorde zupfen. Gelegentlich wird dort, wo die Schläge angezeigt werden, mit den Nägeln über die Saiten nach unten geschlagen.

Beispiel 9c

Während des „Gitarrensolo"-Abschnitts behältst du den Wechselschlag mit dem Daumen bei. Für das Bending (Saitenziehen) in Takt 28 verwende den kleinen Finger, während der Zeigefinger den Basston spielt. Lege den Ringfinger neben den kleinen Finger, um diesen zu unterstützen, wenn du etwas mehr Kraft benötigst.

Lasse beim nächsten Schlag den Ringfinger auf der 4. Saite landen, zusammen mit dem kleinen Finger auf der 1. Saite. Der Zeigefinger spielt die Note am 8. Bund, dann mache einen Barrégriff mit dem kleinen Finger über die 1. und 2. Saite für den letzten Teil, während Zeige- und Ringfinger die beiden Mittelsaiten greifen.

Beispiel 9d

Hier ist also das vollständige Arrangement...

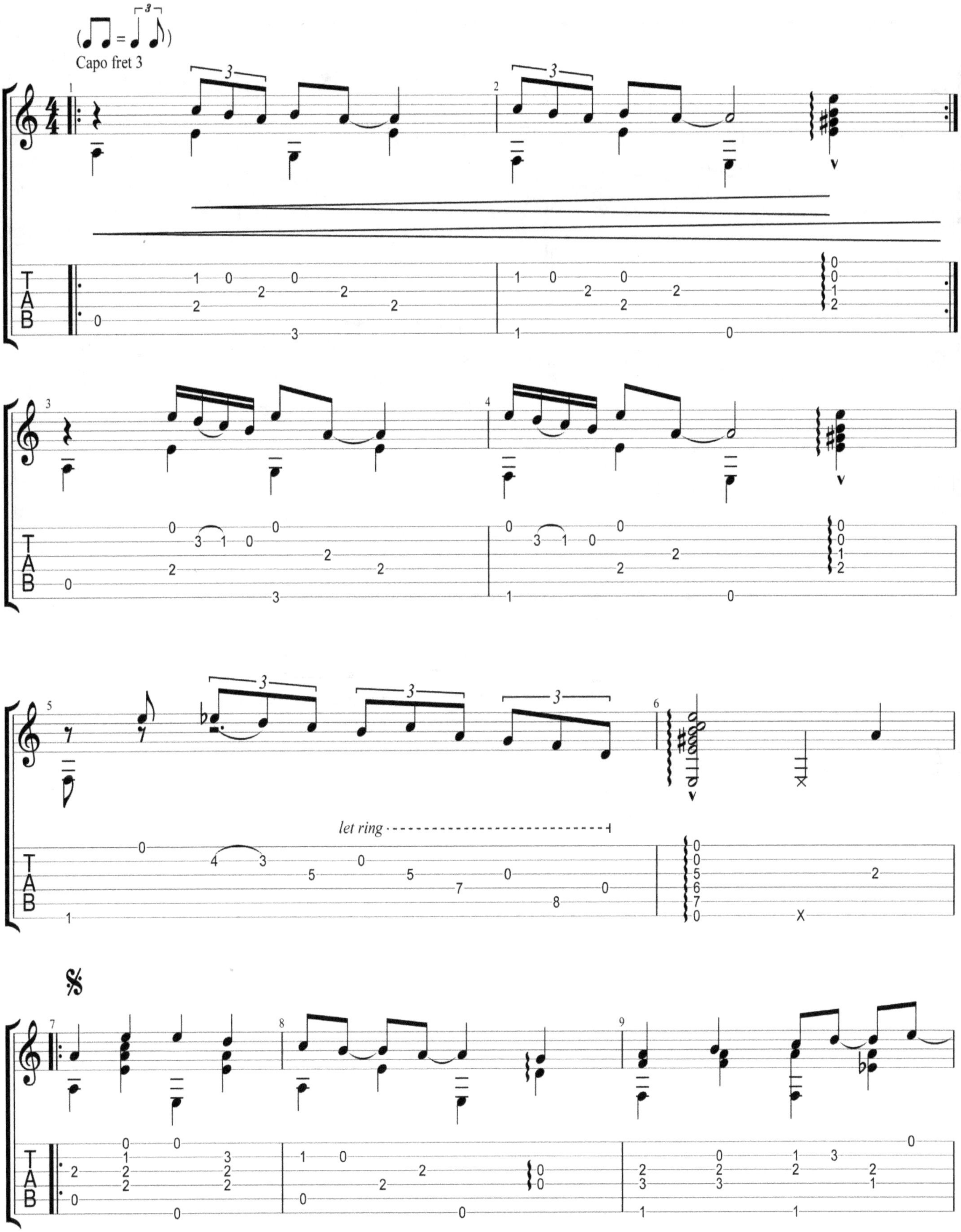
Capo fret 3
let ring

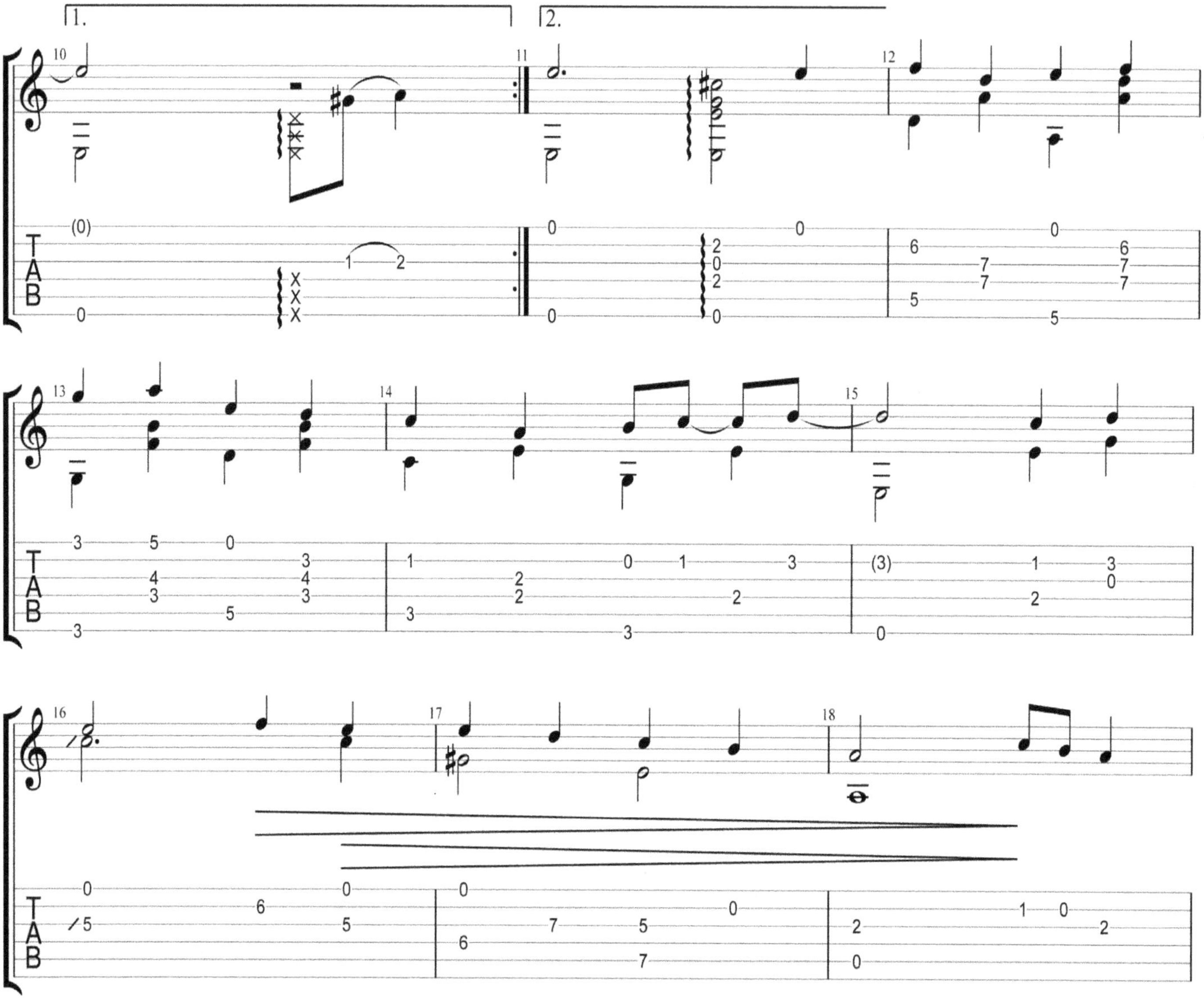
1.
2.
TAB
TAB
TAB

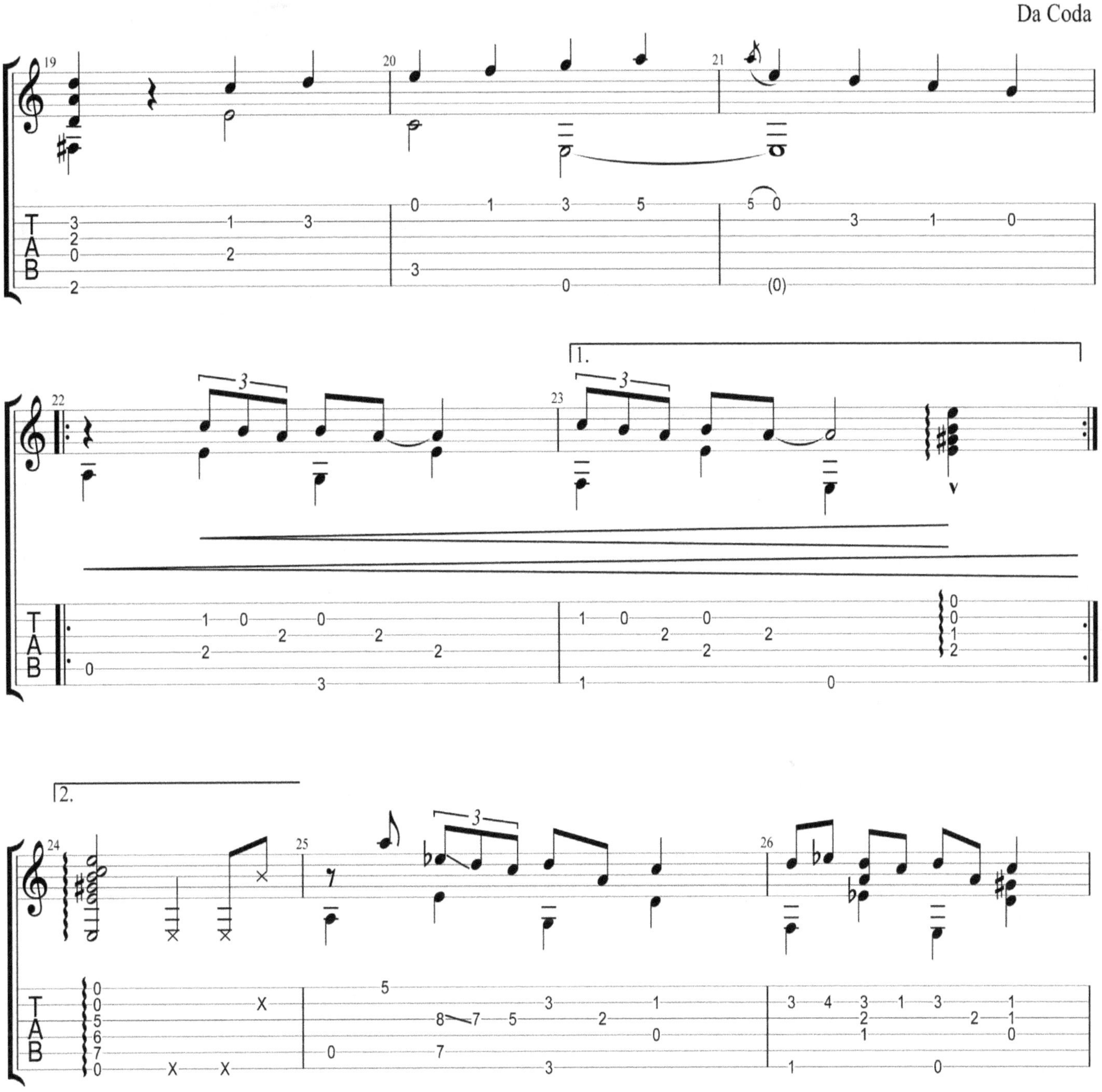
Da Coda
1.
2.

D.S. al Coda

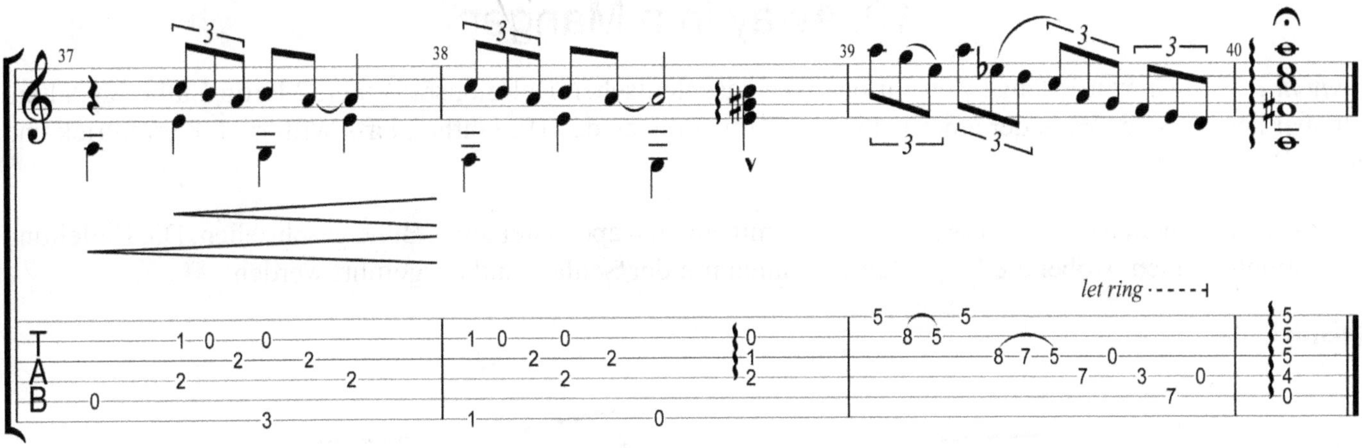
let ring

10. Away in a Manger

Away in a Manger wurde lange Zeit für das Werk des deutschen Religionsreformers Martin Luther gehalten, gilt aber heute als das Werk der amerikanischen Komponisten des 19. Jahrhunderts William J. Kirkpatrick und James Ramsey Murray.

Dieses Arrangement ist in DADGAD-Stimmung mit einem Kapodaster am 4. Bund geschrieben. Die Einleitung ist ziemlich einfach, wobei die Flageoletttöne unten mit der Schlaghand ausgeführt werden.

Beispiel 10a

Der Daumen der Greifhand wird zum Greifen der Note auf der 6. Saite, 2. Bund verwendet.

Beispiel 10b

Im gesamten Arrangement gibt es Passagen, bei denen die Noten auf benachbarten Saiten gespielt werden, damit sie zusammenklingen können (d.h. Takt 24). Das ist ziemlich einfach zu machen. Denke einfach daran, die gegriffenen Noten so lange wie möglich fest zu halten.

Beispiel 10c

Ab Takt 27 beginnen wir, einige abenteuerlichere Techniken zu sehen. Beachte die Harp Harmonics in Beispiel 10d. Um sie zu spielen, lege die Finger der Schlaghand über den Teilungspunkt der Flageoletttöne 12 Bünde weiter oben und zupfe mit dem Daumennagel. Normale Noten werden mit dem Ringfinger gezupft. Das Ergebnis sollte eine üppiger Strom von Noten sein, die zusammenklingen.

Beispiel 10d

Um die schnellen Noten wie in Beispiel10e auf den hohen Saiten spielen zu können, rolle die Zeige-, Mittel- und Ringfinger der Schlaghand nach unten und kehre die Bewegung dann um. Natürlich bedeutet der Pull-Off, dass du nicht zweimal mit dem Ringfinger zupfen musst. Benutze den Daumen auf Saite 4.

Beispiel 10e

Für die Obertöne ganz am Ende verwendest du nur die rechte Hand wie bei künstlichen Flageoletts. Dadurch kannst du den Basston mit der linken Hand halten.

Beispiel 10f

Hier ist also das vollständige Arrangement...

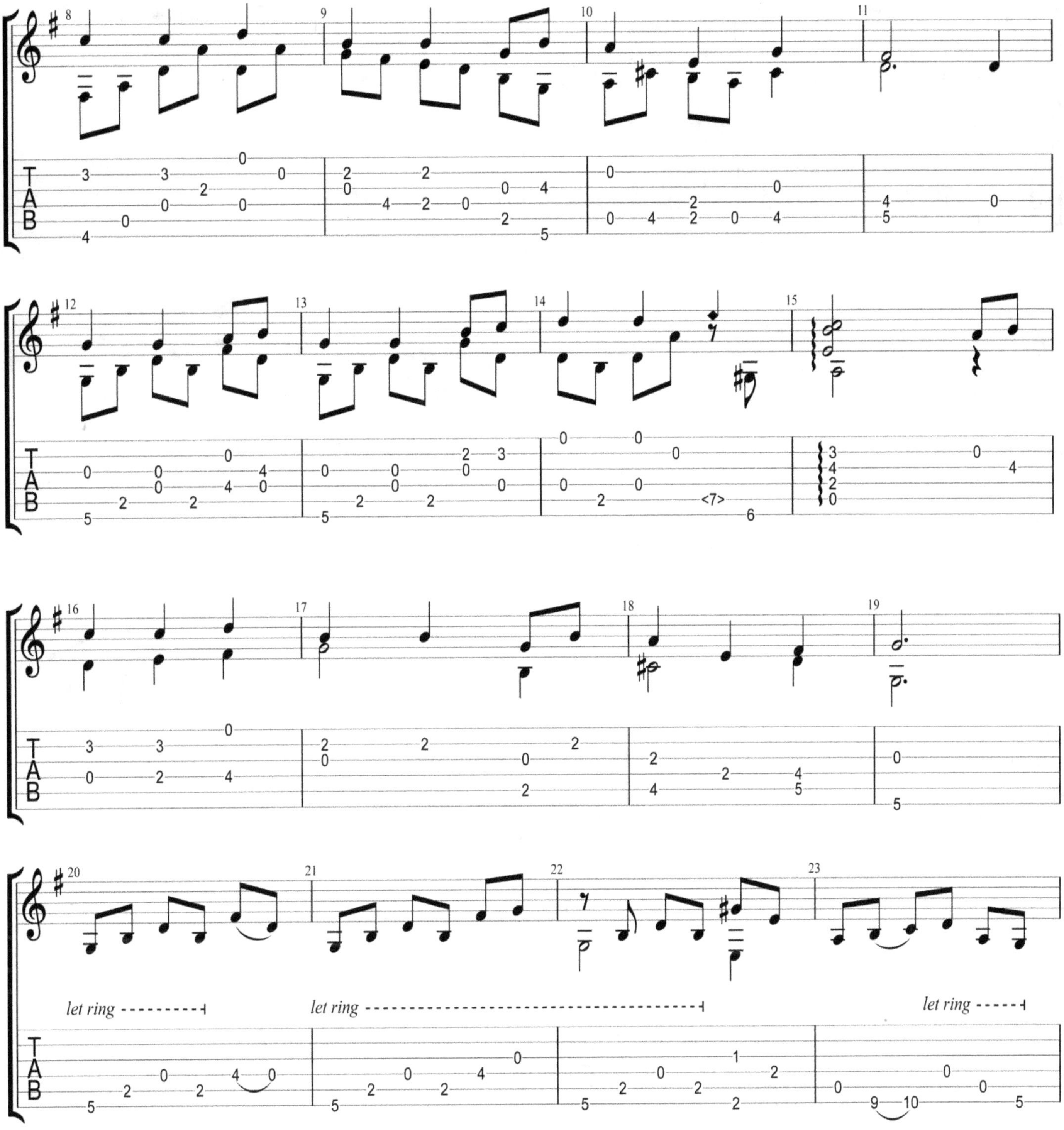
let ring
let ring
let ring

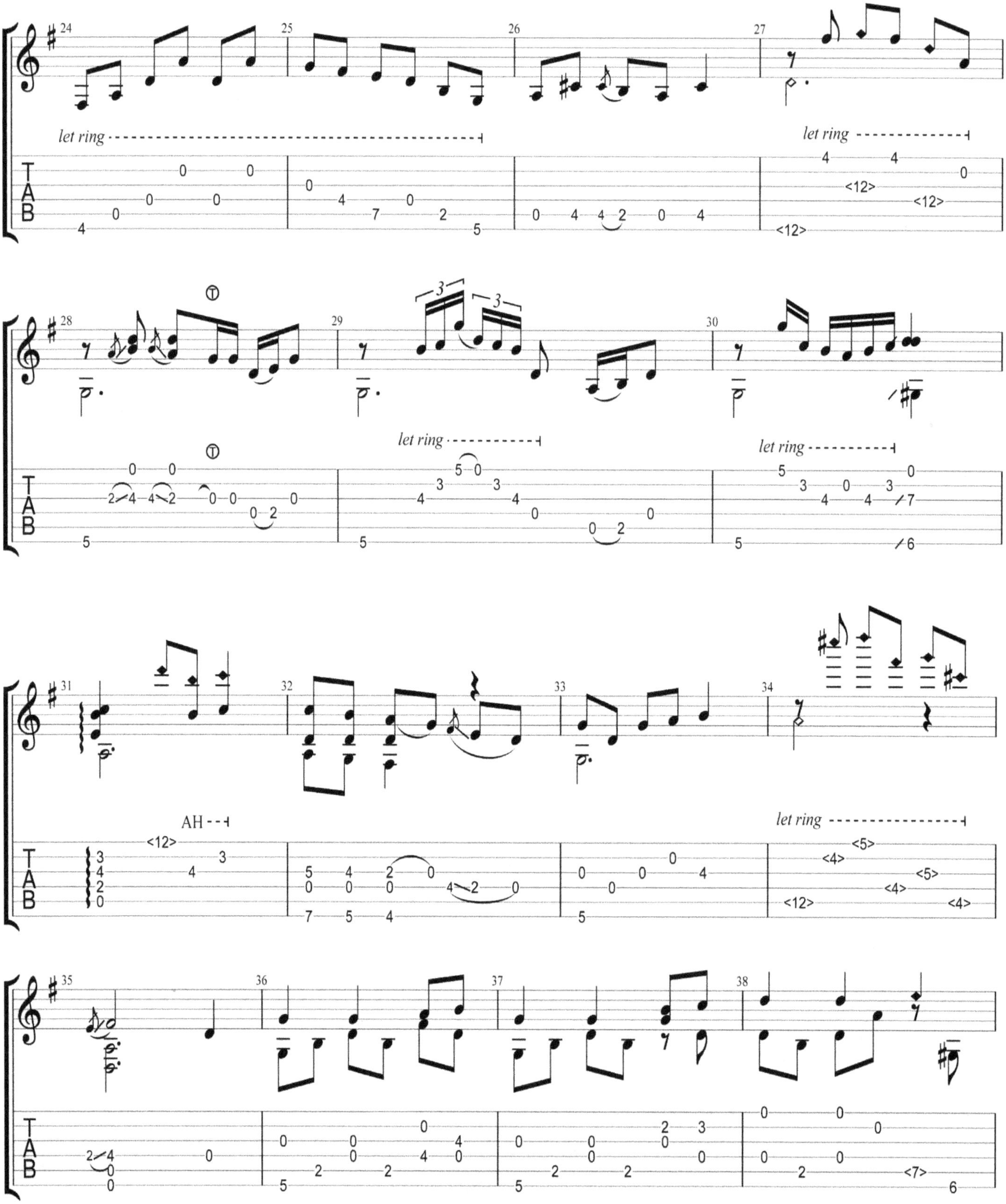
let ring
let ring
let ring
let ring
AH
let ring
TAB

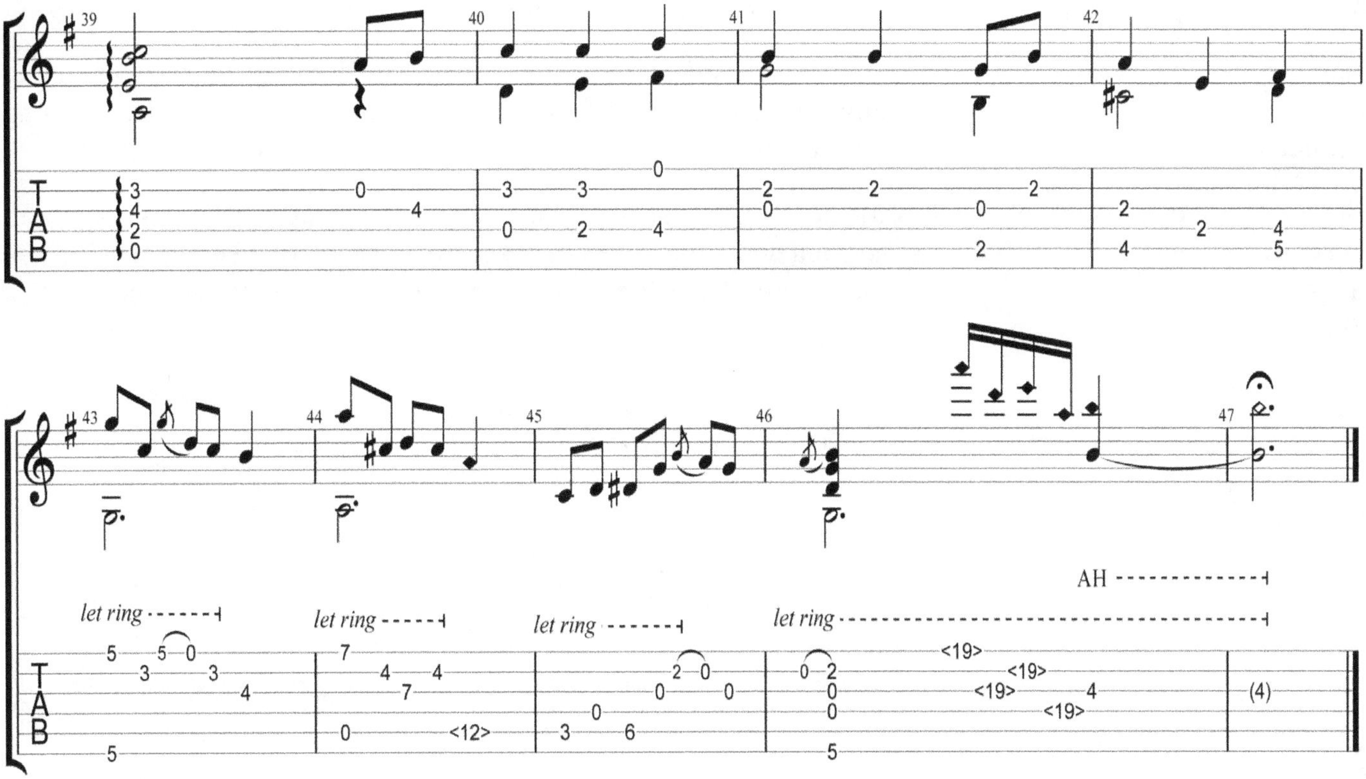
let ring
let ring
let ring
let ring
AH

11. O Tannenbaum

Dieses populäre deutsche Lied basiert auf einem Volkslied aus Schlesien aus dem 16. Jahrhundert, einer historischen Region, die nun Teil des heutigen Polens ist. Auch dieses Arrangement ist in DADGAD-Stimmung und nutzt die natürliche Resonanz der Gitarre mit einer Fülle von Obertönen und offenen Saitenläufen aus.

Vielleicht fällt es dir leichter, den Basston am Anfang von Takt 3 mit dem Daumen über den Hals zu greifen und einen Barrégriff über die Saiten 1 und 2 mit dem Zeigefinger zu machen. Folge am Bund 4 mit dem kleinen Finger und spiele dann die Flageoletttöne nur mit der Schlaghand, so dass die Noten glatt ineinanderfließen können.

Beispiel 11a

In Takt 11 spielst du mit dem Zeigefinger die 1. Saite, mit dem kleinen Finger die 2. Saite, mit dem Mittelfinger die 3. Saite und mit dem Ringfinger die 6. Saite. Halte alle an ihrem Platz, dann entfernst du den Zeigefinger, um die Note auf der 5. Saite im 5. Bund zu greifen und zupfst die Flageoletttöne mit der Schlaghand.

Beispiel 11b

Beachte in Takt 17 den „Pull-Off aus dem Nichts". Dies ist eine gängige Technik im modernen Fingerstyle. Mit dem Zeigefinger auf Saite 1 und dem Mittelfinger auf Saite 2, mache den Pull-Off mit dem Zeigefinger, anstatt die offene Saite zu zupfen.

Beispiel 11c

Für die Obertöne in den Takten 29 - 30 verwendest du die konventionelle Zweihandtechnik, da alle Teilungspunkte der Flageoletttöne unterhalb des 12. Bunds liegen. Dies erleichtert das Zupfen der Bassnoten mit dem Daumen der Schlaghand.

Beispiel 11d

Hier ist das komplette Arrangement für dich...

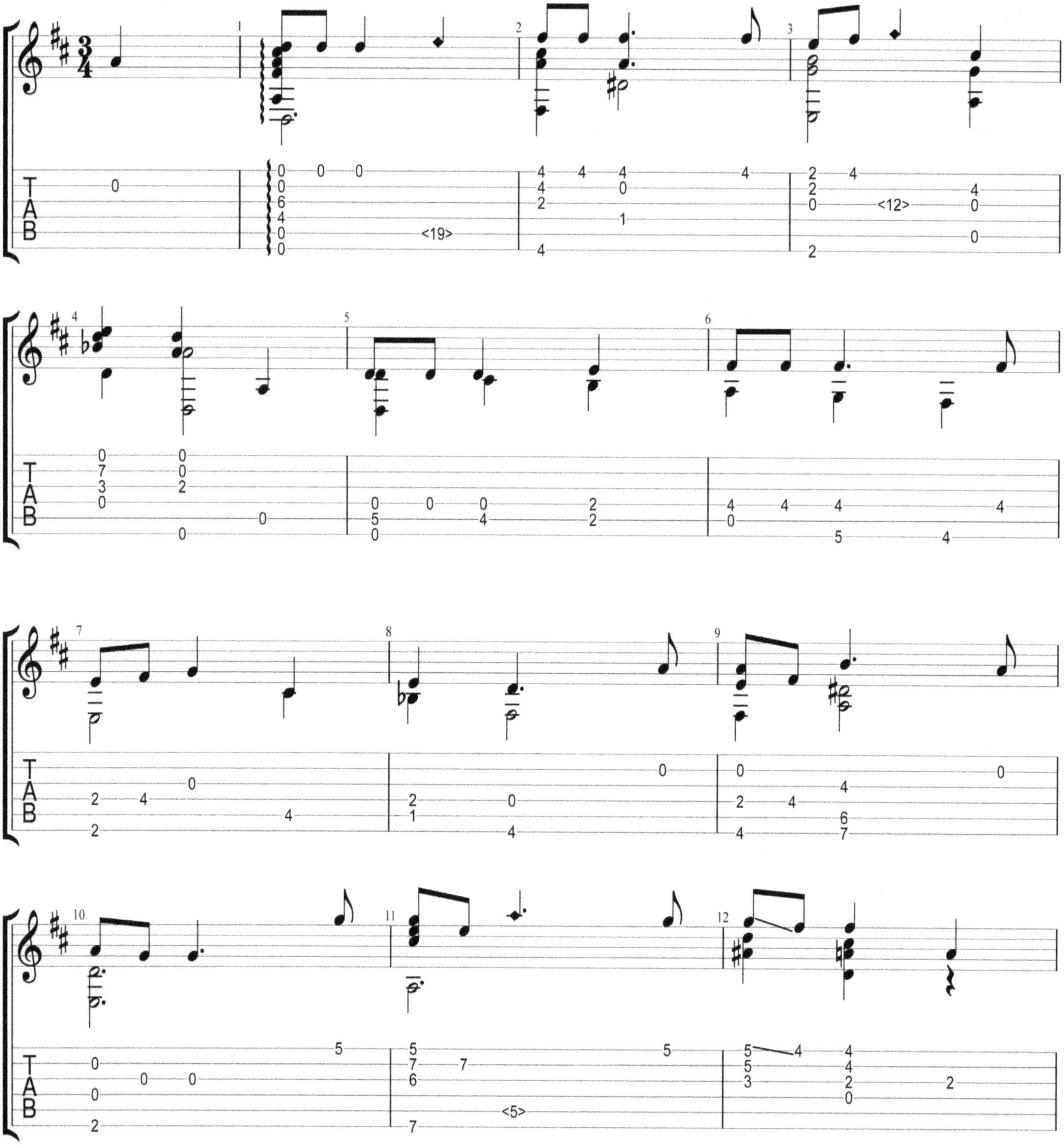

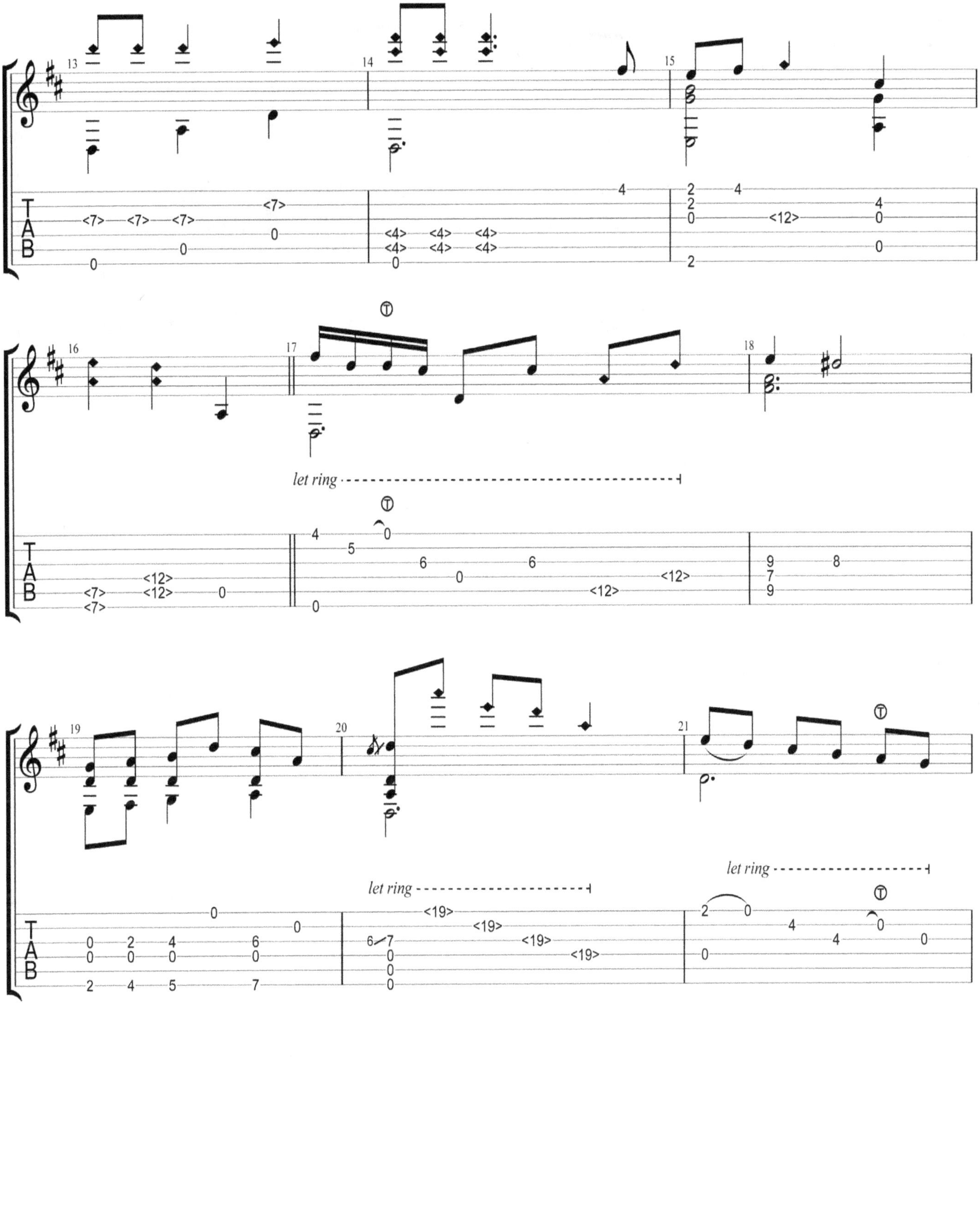
let ring
let ring
let ring

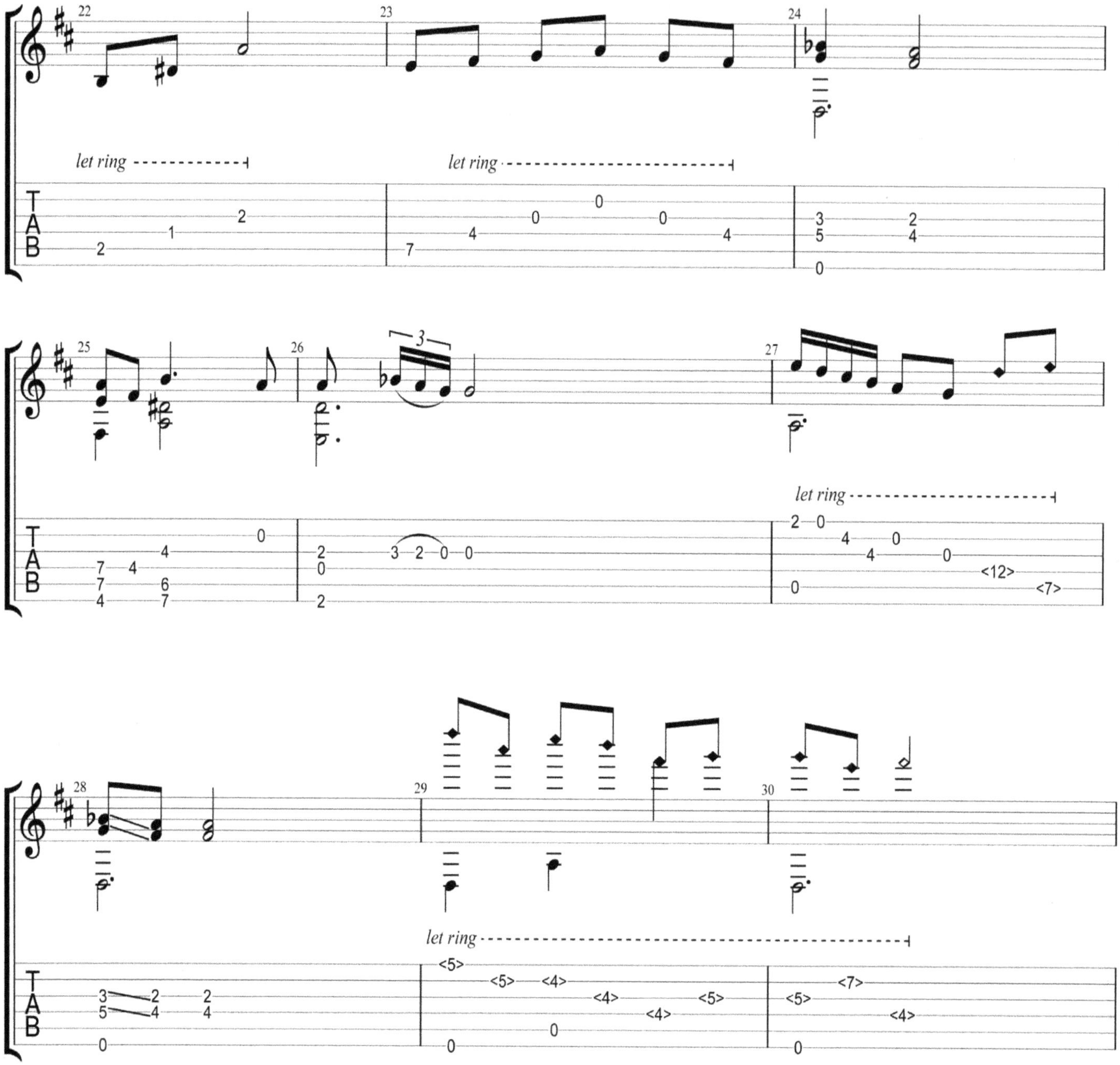
let ring
let ring
let ring
let ring

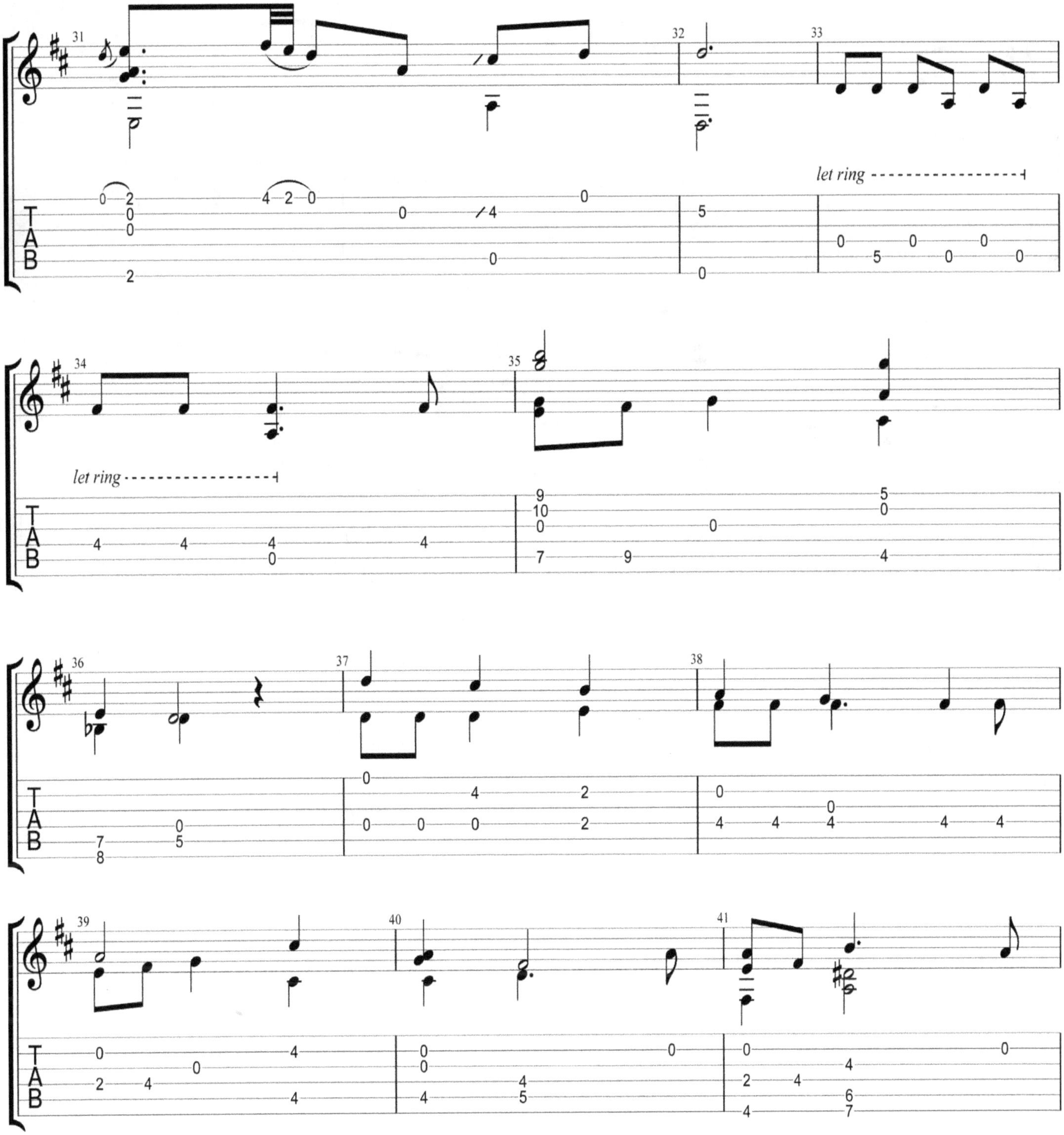
let ring
let ring

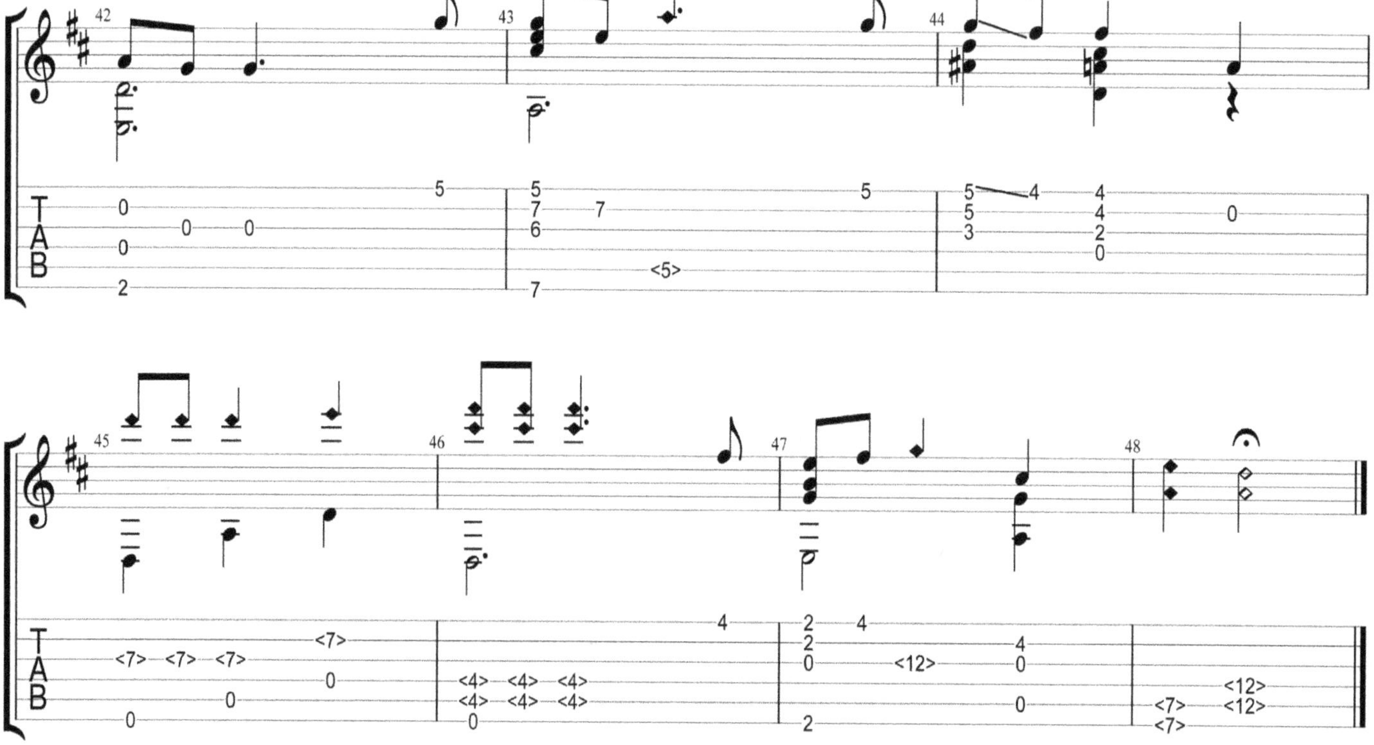

12. We Three Kings

Dieses Lied wird dem amerikanischen Geistlichen und Hymnenschreiber John Henry Hopkins Jr. zugeschrieben. Seine Molltonalität und die zusammengesetzte Taktart verleihen dem Lied ein einzigartiges Gefühl. Hier ist es für Sologitarre in DADGAD-Stimmung mit einem Kapodaster am 4. Bund arrangiert.

Beginne für die Einleitung mit dem Palm-Muting der Saiten. Lass das Muting allmählich los, so dass sich die Lautstärke mit jeder Note erhöht.

Beispiel 12a

In Takt 19 spielst du die Melodie mit Obertönen, indem du den Zeigefinger über den Teilungspunkt (in diesem Fall Bund 15) hältst und mit dem Ringfinger zupfst. Du musst den Ringfinger benutzen, da der Daumen mit der Basslinie beschäftigt ist. In Takt 20 schlägst du mit dem Zeigefinger über die Teilungspunkte nach oben, während du mit dem Ringfinger in einer parallelen Bewegung dazu zupfst. Spiele einen Pull-Off zu den offenen Saiten und schließlich einen Hammer-On für den Schlussakkord mit der Greifhand.

Beispiel 12b

Das Arrangement baut sich zu einem Gewimmel von schnellen Triolen in den Takten 43-44 auf. Benutze den Fingersatz der Schlaghand wie im Notensystem geschrieben, um eine flüssige Bewegung zu gewährleisten. Beachte den Pull-Off in Takt 44 auf Saite 4, der von der vorhergehenden Note des 3. Bunds gemacht wird, obwohl er durch den Ton einer anderen Saite getrennt ist.

Beispiel 12c

Hier ist also das vollständige Arrangement...

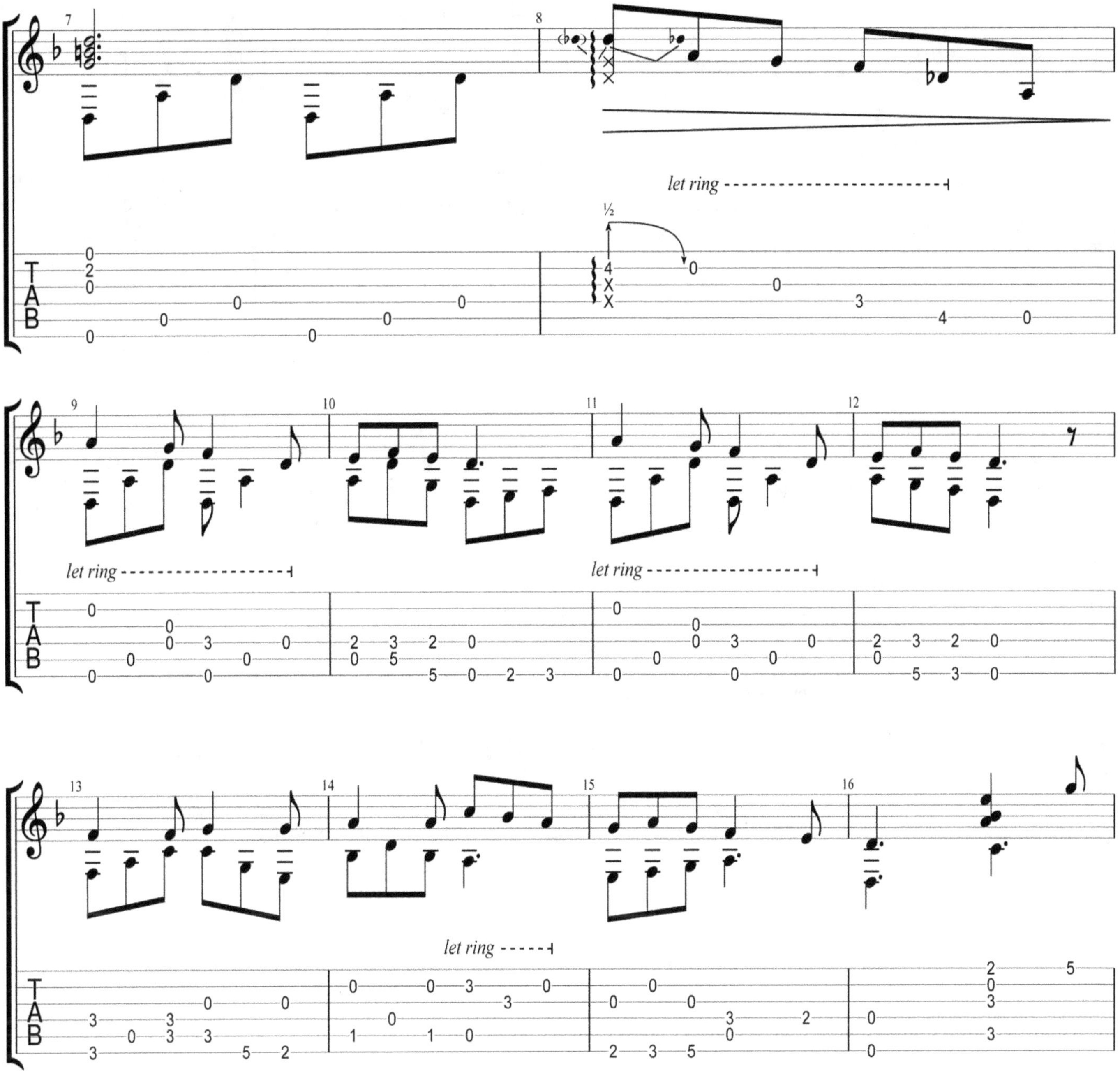
let ring
let ring
let ring
let ring

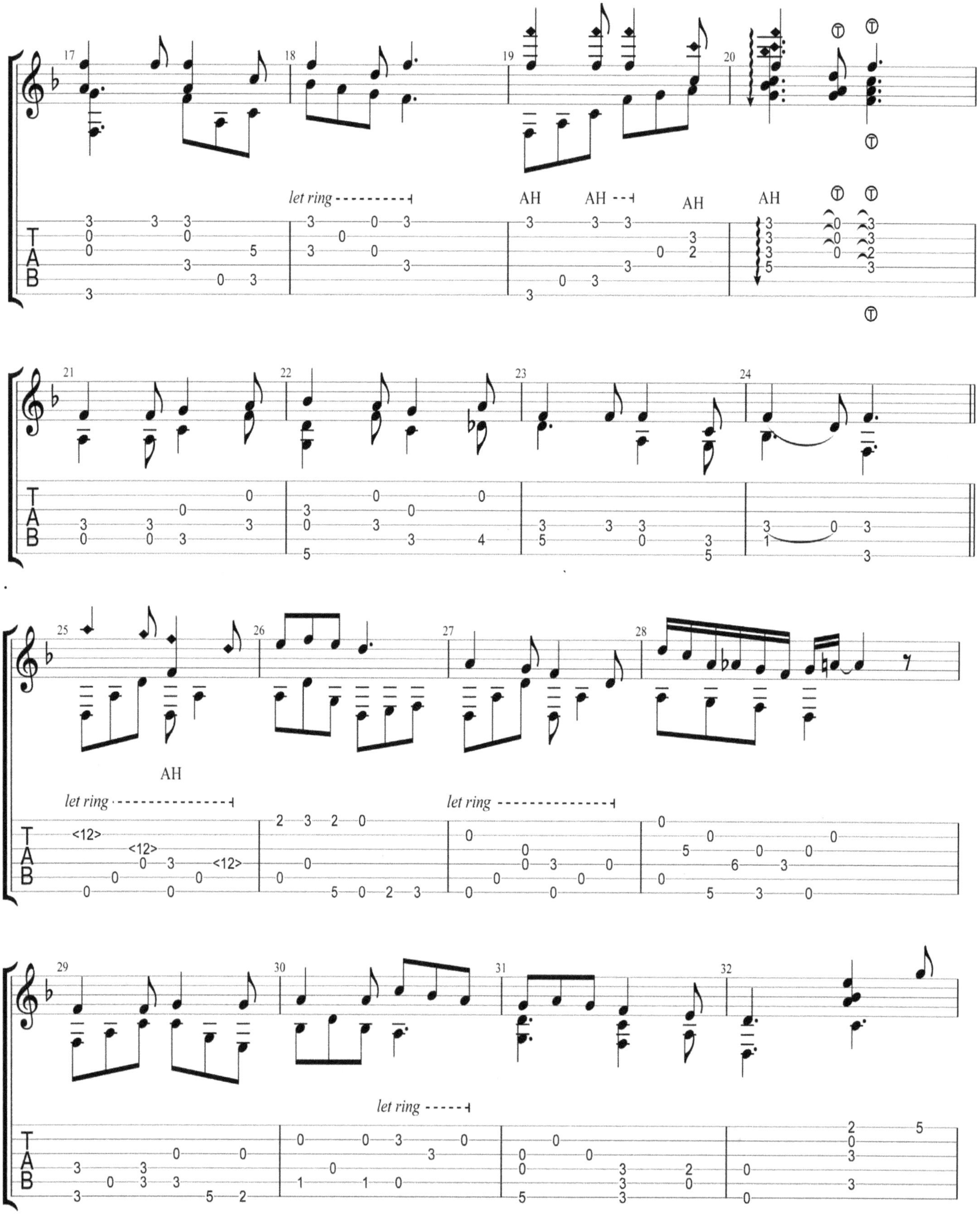
let ring
AH
AH
AH
AH
AH
let ring
let ring
let ring
TAB

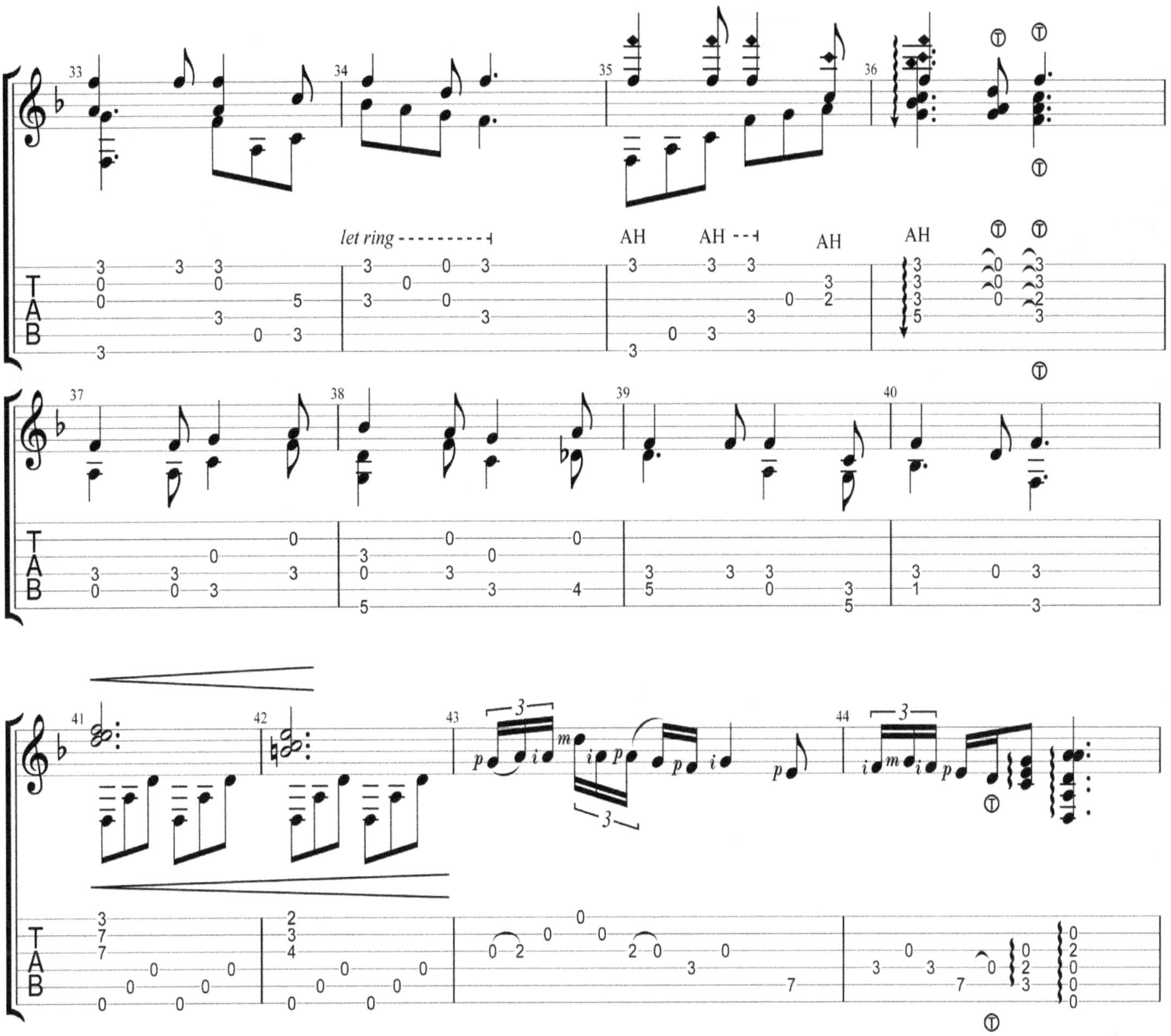
let ring
AH
AH
AH
AH

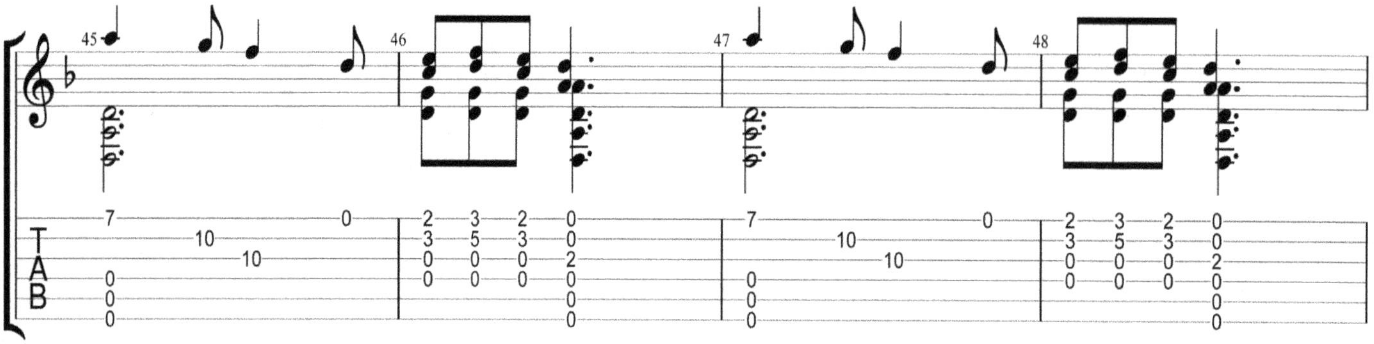

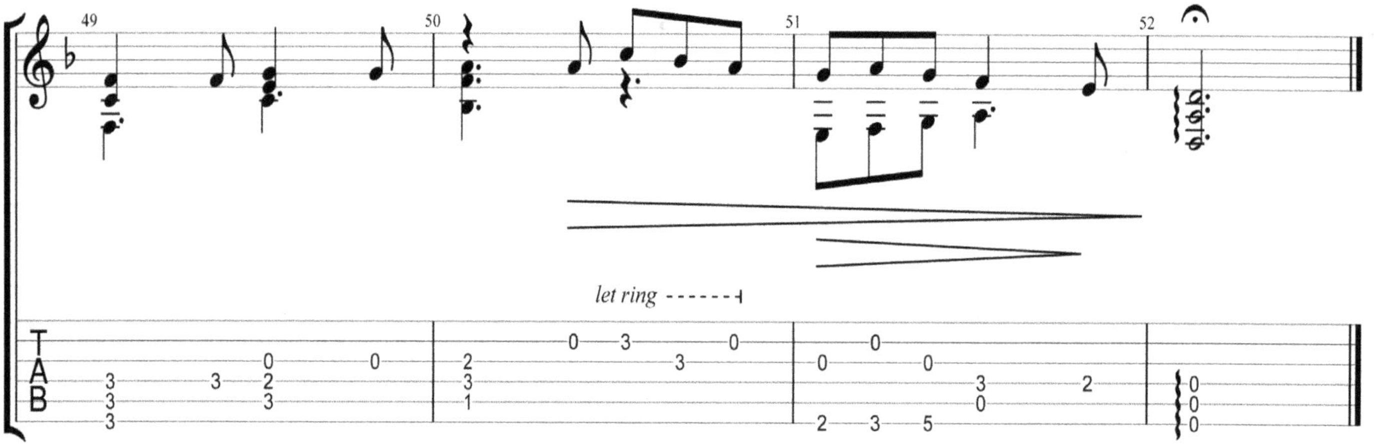
let ring

13. The Holly and The Ivy

Hier ist ein sehr beliebtes traditionelles englisches Lied. Seine Quelle ist unbekannt, aber die Symbolik dieser immergrünen Pflanzen, die während des langen dunklen Winters Hoffnung geben, ist eine Symbolik, die dem Christentum um Tausende von Jahren vorausgeht.

Dieses in DADGAD-gestimmte Arrangement verwendet meist konventionelle Techniken, aber ab Takt 15 gibt es einen zweihändigen Tapping-Abschnitt. Alle gegriffenen Noten werden mit der Greifhand getappt und alle mit einem „T" markierten Noten mit dem Zeigefinger der Schlaghand. Zupfe mit dem Ringfinger oder dem Mittelfinger der Schlaghand alle offenen Saiten.

Beispiel 13a

Für die Flageoletts in Takt 18 verwendest du nur die Schlaghand, wie zuvor beschrieben, und zupfst mit dem Ringfinger, womit du der Greifhand ermöglichst, die Note auf dem 7. Bund zu halten.

Beispiel 13b

Hier ist das vollständige Arrangement...

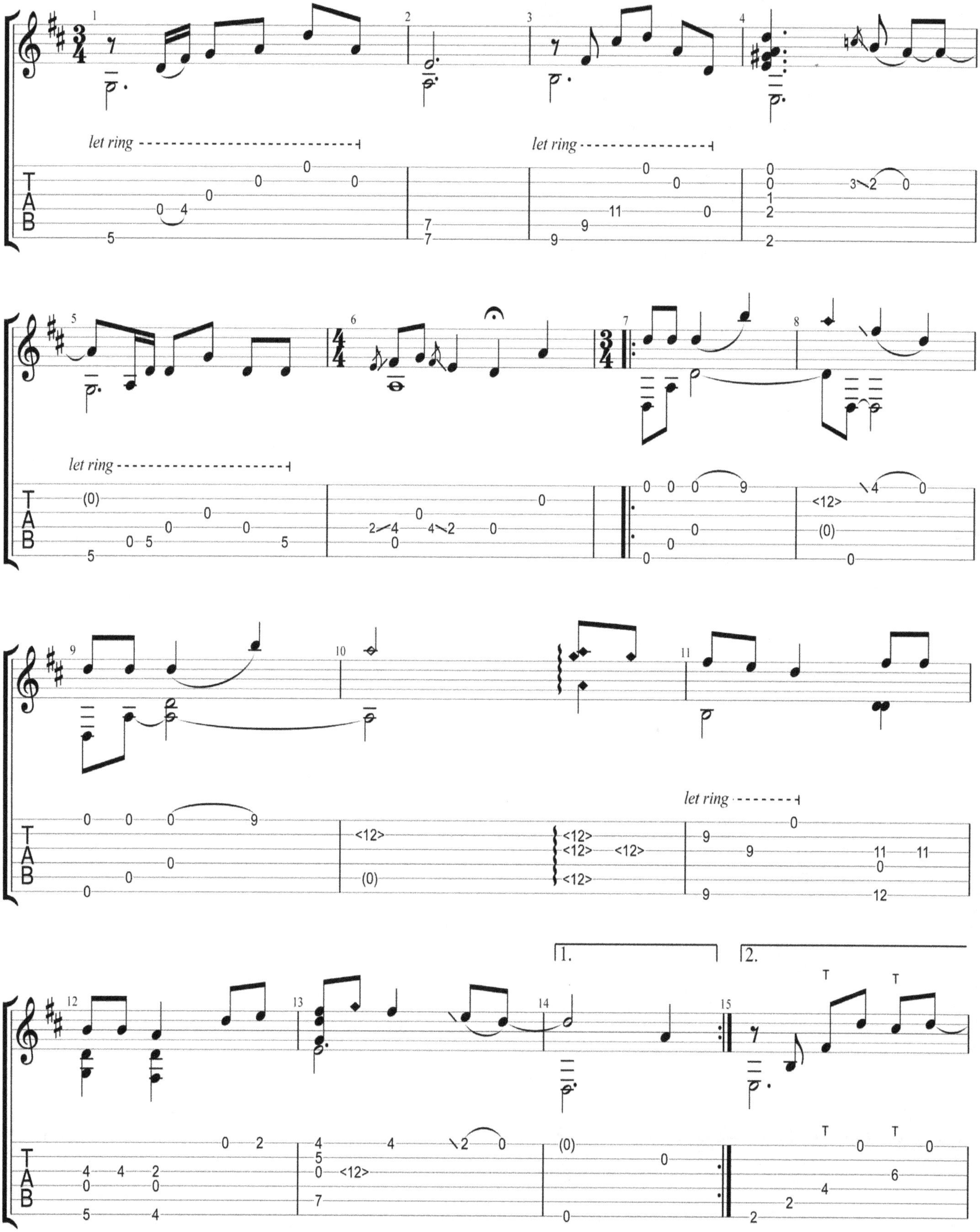
let ring
let ring
let ring
let ring
1.
2.
T
T
TAB

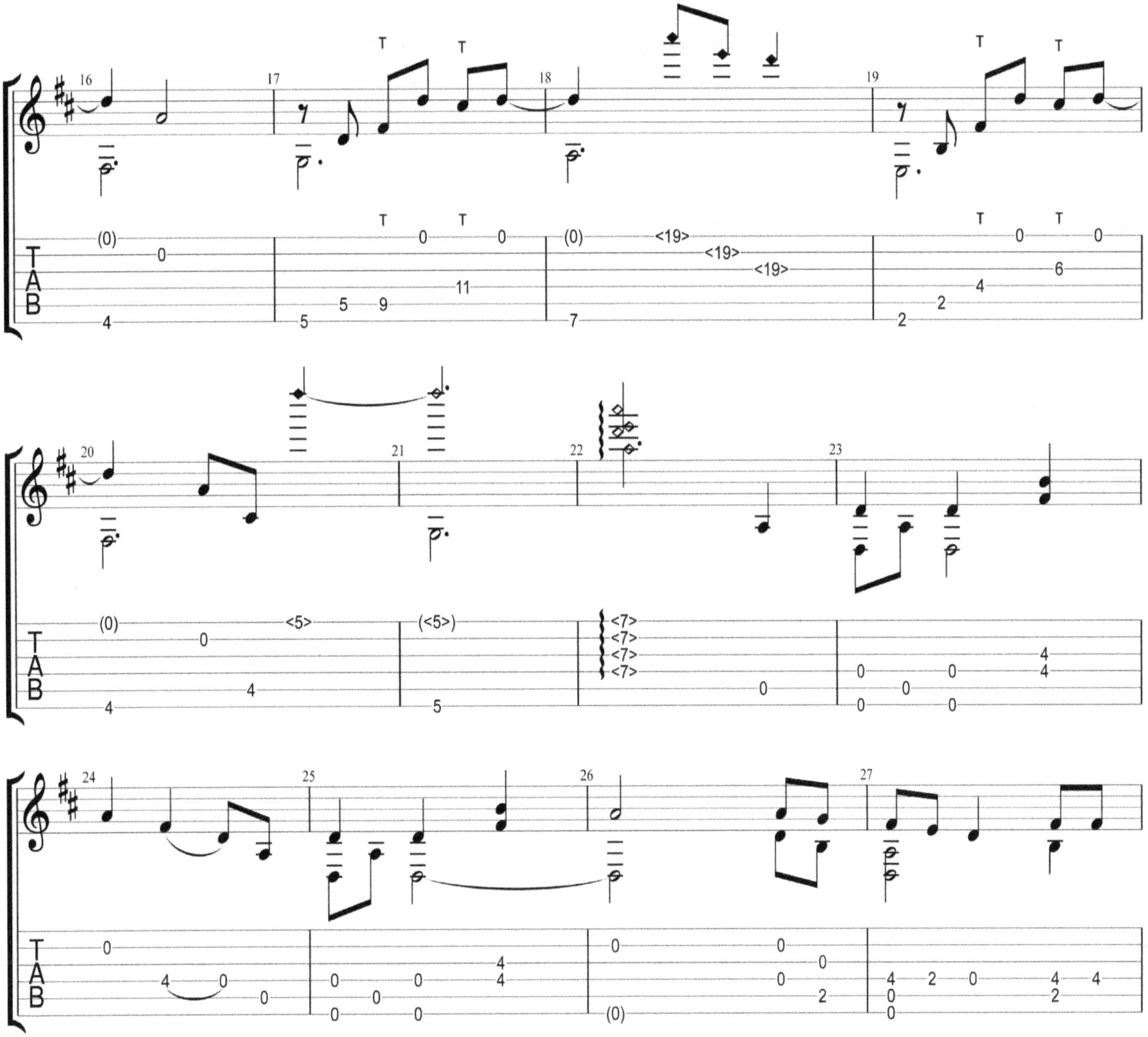

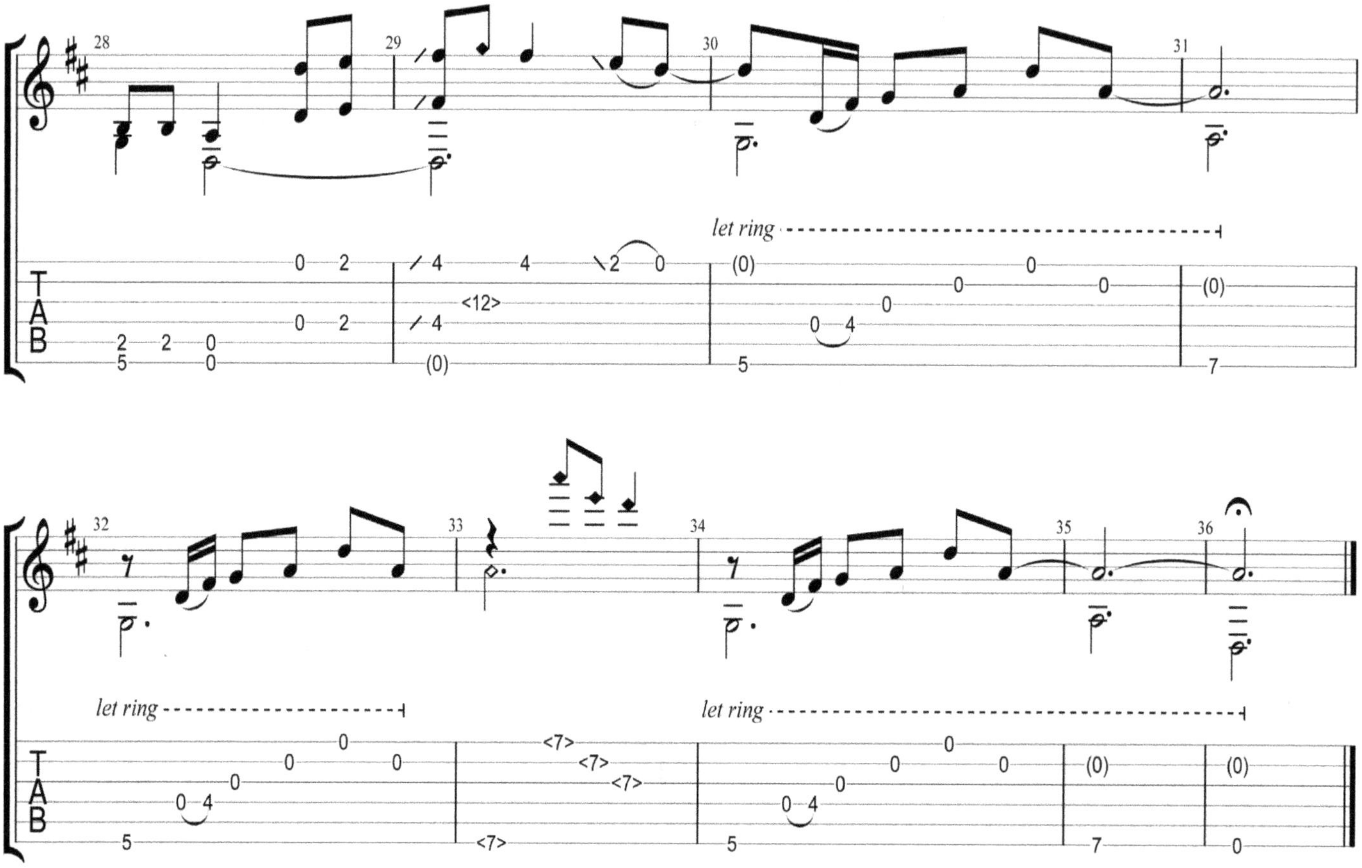
let ring
let ring
let ring

14. Stille Nacht, heilige Nacht

Schließlich ist hier vielleicht das beliebteste aller Lieder. *Stille Nacht, heilige Nacht* wurde am Heiligen Abend 1818 im österreichischen Oberndorf uraufgeführt. Der Text wurde von dem jungen Pfarrer Joseph Mohr geschrieben und von Franz Xaver Gruber auf der Gitarre vertont, nachdem die Überschwemmung die Kirchenorgel beschädigt hatte. Vielleicht ist dieses zufällige Ereignis und die unorthodoxe Wahl der Instrumentierung das, was die Komposition auszeichnet. Hier ist sie für die DADGAD-gestimmte Sologitarre arrangiert.

Spiele den „Flageolett-Akkord" in Takt 8, indem du den Zeigefinger über den 7. Bund legst und mit der Schlaghand anschlägst. In Takt 9 spielst du die Flageoletttöne komplett mit der rechten Hand und zupfst sie mit dem Daumennagel, wobei du den Ringfinger freilässt, um gleichzeitig die 1. Saite auf Schlag 3 zu zupfen. Führe diese Art, die Flageoletts zu spielen bis Takt 13 fort.

Beispiel 14a

Für die Obertöne am Ende von Takt 13 berührst du diesmal mit dem kleinen Finger der Greifhand die Teilungspunkte der Flageoletttöne und zupfst mit der Schlaghand. Alternativ kannst du die gleichen Obertöne am 19. Bund nur mit der rechten Hand spielen. Alle gegriffenen Noten in den Takten 13 und 15 werden nur mit Tapping der Greifhand gespielt.

Beispiel 14b

In Takt 32 spielst du getappte Obertöne, indem du deinen Mittelfinger gegen den 12. Bund schlägst. Halte dabei die gegriffenen Noten an ihrem Platz. Verwende diese Technik auch für die Obertöne in Takt 36.

Beispiel 14c

Schließlich gibt es einen Lauf, der ausschließlich aus Obertönen besteht. Diese werden zweihändig gespielt, mit Zeige- und Ringfinger über den Teilungspunkten.

Beispiel 14d

Hier ist das vollständige Arrangement für dich...

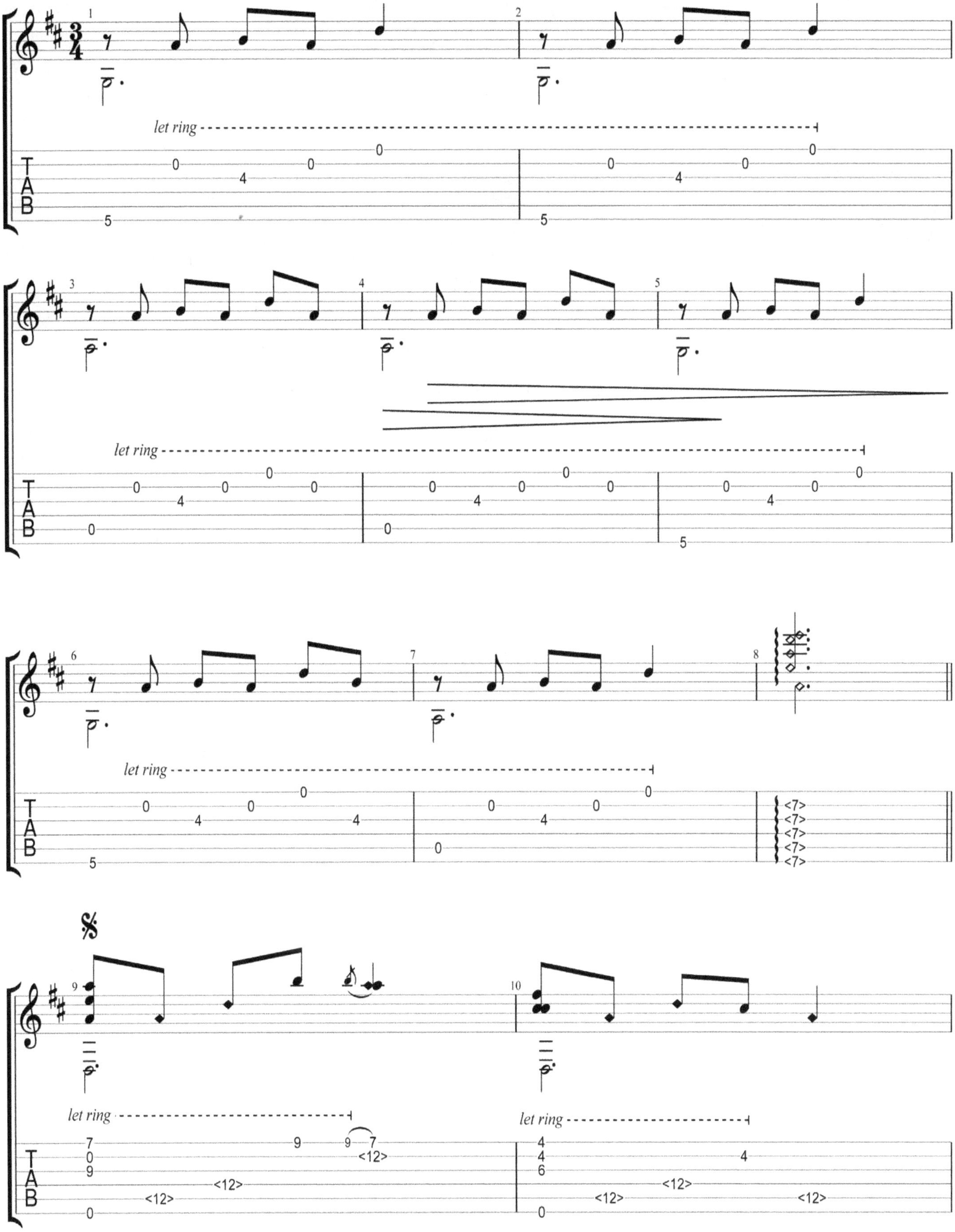
let ring
let ring
let ring
let ring
let ring

Da Coda

D.S. al Coda

Tappe den Flageolettton auf dem 12. Bund
let ring
let ring
let ring
let ring
let ring
let ring
let ring

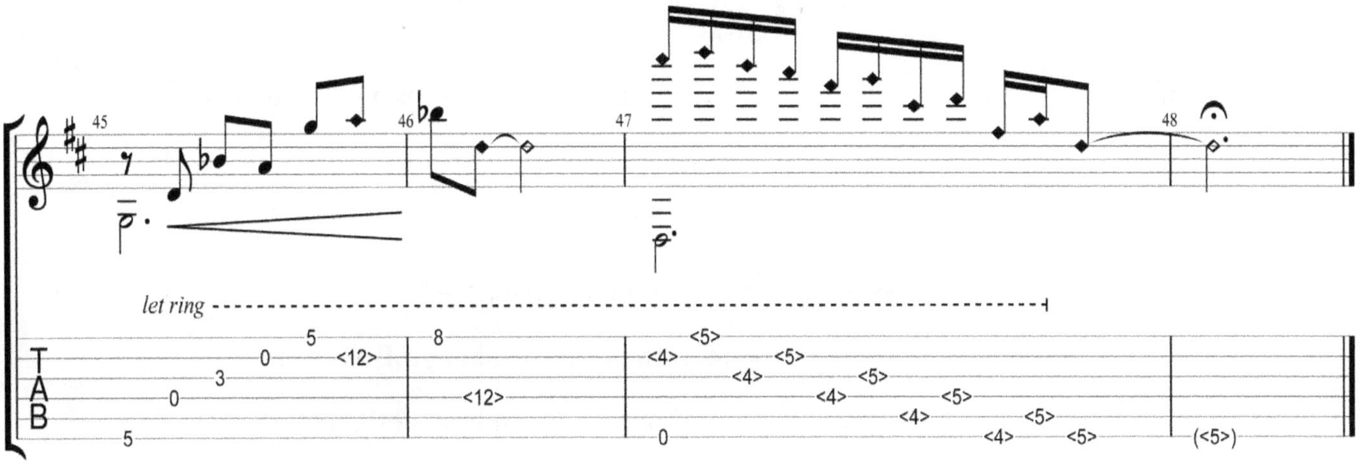
45
46
47
48
let ring
T
A
B
5
0
3
0
5
<12>
8
<12>
<5>
<4>
<5>
<4>
<5>
<4>
<5>
<4>
<5>
0
<4>
<5>
(<5>)

Melde dich!

Warum nicht ein Video von dir, wie du eines dieser Stücke spielst, auf Instagram mit anderen teilen?

Hier kannst du uns erreichen:

www.fundamental-changes.com

Über 11.000 Fans auf Facebook: **FundamentalChangesInGuitar**

Markiere uns für einen Share auf Instagram: **#FundamentalChanges**

Für über 350 kostenlose Gitarrenstunden mit Videos schau auf:

www.fundamental-changes.com